あなたが
上司から求められている
シンプルな50のこと

濱田秀彦

実務教育出版

はじめに

あなたは、上司が自分に何を期待しているか、正確に把握していますか？

私の経験では、上司の期待を正確に把握している部下は、ほとんどいません。

このことが本書の原点です。

私は、研修の講師をしています。マネジャー向け、主任・係長・チーフなどリーダー層向け、若手社員向けの研修が中心です。

リーダー層、若手社員向けの研修では、参加者の上司に「部下に期待すること」を事前に書いてもらいます。そして、部下本人にも事前に「上司に期待されていると思うこと」を書いてもらいます。私の手元には、「上司が期待していること」と、「本人が期待されていると思うこと」の2つが揃うわけです。

この2つを見ると、ぴったり一致していることはほとんどありません。14年間の講師業を通じ、1000組以上の上司・部下の組み合わせを見てきました。その中で、よく一致していると感じた例は30件程度。わずか3％です。

しかも、その中には上司が「こういうことを書いておいたから」と事前にネタばらしをしていたケースも含まれます。**97％以上の部下は上司の期待を把握できていないのです。**

これは大きな問題です。ほとんどの部下は、上司の期待を正確に把握しないまま仕事をしています。このことは部下に3つのデメリットをもたらします。

第一に人事考課。期待に応えていないのですから、よい点がつくわけがありません。部下は努力したと思っていても、実際の考課点は低くなります。

第二に上司・部下の関係悪化。上司は部下に慢性的な不満を持つことになります。部下もそういう空気は察するもの。いつも、モヤモヤしながら仕事をしなくてはなりません。

第三に仕事のやりにくさ。上司は、期待に応えない部下には信頼して仕事を任せられないもの。仕事に干渉・介入してきます。部下にとっては、いつまでも任せてもらえず、見張られているような感覚の中で仕事をすることになります。

最近では、すべてのメールを上司にBCCで送る設定になっている職場もあります。それだけでもプレッシャーなのに、逐一仕事に介入されてはたまったものではありません。上司と部下の意識ギャップは、このような形で不幸な現実につながります。しかも、そのギャップは年々広がっています。

なぜ、意識ギャップが広がってしまったのでしょうか？

理由は単純です。**上司が部下に期待していることを伝えていない**からです。

つまり、上司のせいなのですが、一概に責められない事情もあります。いま、職場はとても静かです。シーンと静まっている状況の中で、パソコンのキーボードを叩く音だけが聞こえます。職場から会話がなくなってしまったのです。

さらに、長引く景気低迷で残業を抑制する企業が多く、夜に上司と部下がじっくり話をするわけにもいきません。おまけにアフターファイブの〝飲みニケーション〟も減りました。

上司と部下の会話が減るとともに、期待を伝える機会が減ってしまった結果、意識ギャップが拡大したというのが真相です。

本来、上司はそのような状況を踏まえ、少ない接点の中で正確に伝えるよう工夫しなければなりません。しかし、それが十分にできていないのが実情です。

例えば、上司が部下にＯＪＴ面談で「もっとリーダーシップを発揮してほしい」と言ったとします。しかし、それだけでは部下はどんな場面でどういう行動を取ればよいのかわかりません。伝えはしたものの、「伝わっていない」のです。このように、部下が期待を把握できないのは上司の責任です。しかし、部下としても「上司のせいだから、仕方がないんだ」と言うわけにもいきません。

なぜなら、**上司の期待が伝わらなければ、損をするのは部下なのです。**上司が期待をうまく伝えられない分、こちらの努力で上司の期待を知る必要があります。

幸いにも上司が期待することは、企業・職場が異なっても驚くほど似ています。ならば、それを部下の皆さんにお知らせしようというのが本書の主旨です。

上司が期待することは、大きく4つに分けられます。

1つ目は、職場のコミュニケーションについて。中心になるのは部下の皆さんが嫌う「報連相」という言葉に集約されます。

2つ目は、ひとりのビジネス人としての言動について。大人のビジネスパーソンでいてほしいということ。

3つ目は、仕事の進め方について。主体的にやってほしいということ。

4つ目は、意識の向上や能力開発について。自分で自分を高めて成長してほしいということ。

本書では、この4つを「報連相」「大人力」「仕事力」「成長力」という言葉に集約し、4つの章に分けて解説しています。私が会社員時代に出会った管理職の方々や、講師になってから出会った2000社、5000人以上のマネジャーの皆さんの声が集約されています。

さらに今回、「上司が部下に期待することを本にする」と言ったところ、仕事の関係者や個人的な知人の管理職の方々から「これだけは書いてくれ！」と様々な要望をもらいました。本書に出ているのは、このような上司たちのナマの声です。

上司の期待の裏側には、「オレの若い頃は」的な要素があります。上司は、美化した過去の自分と、目の前の部下を比べてものを言う存在です。部下としては、たまったものではありませんが、言葉の背景を知ることも大切です。言葉通り受け取ってはいけないものもあるからです。

また、期待の中には上司の身勝手な都合も出てきます。つい最近も、ひとりの管理職に「部下に一番期待することは何ですか？」と聞いてみました。

答えは、**「一番期待しているのは、上司の期待を察して動くこと」**でした。

期待を十分に伝えていない中で、察して動いてほしいという身勝手なことを願っているわけです。この話を他の管理職に話したところ、誰もが「その通り！」と賛同します。

上司の期待を察して動くには、期待されていることを把握しなければなりません。それができなければ始まりませんし、誤解があれば報われない汗を流すことになります。そうならないように、背景も含めて上司の期待を理解し、真意を把握できるようにしたのが本書です。また、部下の皆さんの事情も踏まえた上で、どうすればよいかを記しました。

「上司から期待されていることがよくわからない」
「だいたいは把握しているつもりだけど、正確にと言われるとちょっと…」
「言葉としては把握できているが、温度差はあるかも」

これらの方々や、把握しているつもりで実はできていない人、あわせて97％の皆様に向けた本です。

本書を通じ、上司の期待を知ることで、３％の側に行ってほしいと願っております。行動、努力が報われるようになるのはもちろんのこと、上司の期待を正確に把握して動ける、わずか3％のデキる人になりましょう。

また、部下を持つ方にも読んでいただきたいと思っています。読み方を変えれば、「その言い方では部下は動けない、誤解する、伝わらない」ということが見えてきます。

本書が、現代の企業に存在する上司と部下の大きな溝を埋める一助になれば幸いです。

contents

あなたが上司から求められているシンプルな50のこと

第2章 ひとりのビジネスパーソンとして認められるための「大人力」

第3章 主体的な職業人として高く評価されるための「仕事力」

第4章 将来を期待される存在になるための「成長力」

デザイン：中村圭介／吉田昌平（ナカムラグラフ）
イラスト：Noritake
ＤＴＰ：明昌堂

第1章／信頼されて仕事を任されるようになるための「報連相」

第1章は、皆さんが嫌いな「報連相」がテーマです。

「報連相がなっていない」と言われるのは、新人扱いされているようで気分が悪いでしょう。手間をかけたところで、得られるものは少ないと感じるものです。

ところが、この報連相を強く求める上司がますます増えています。理由は単純です。管理職が部下の状況を把握できなくなっているからです。

原因は携帯とメール。「携帯とメールはマネジメントの敵」とまで言う管理者もいます。以前なら、部下の電話を聞いていれば、顧客との関係や案件の進行、社内的なやりとりの状況はおおよそつかめました。

ところが、いま部下は黙々とパソコンに向かって仕事をしています。たまにかかってくる電話も携帯に直接入るものですから、誰と話しているのかわかりません。もはや部下の状況を把握するのは至難の業です。状況が把握できなければマネジメントはできません。頼みの綱は、部下が報告や連絡、相談をしてくれることです。

報連相を求める上司と乗り気でない部下、両者の意識ギャップが広がると、仕事と人間関係に悪影響を及ぼします。報連相は、軽視すると皆さんにとって意外に大きなマイナス材料になりかねない問題なのです。

no. 01

聞かれる前に状況を知らせてほしい

報連相はデメリットしかない!?

いま、上司にとって部下が報連相をしてくれることが、状況把握の生命線になっています。報連相がなければ、「あれはどうなった?」と聞くしかありません。いちいち聞くのは面倒ですし、聞けばたいていの部下はイヤな顔をします。だから、「聞かれる前に状況を知らせてほしい」となるわけです。

上司の実情はわかりました。だからといって、報連相に積極的になれるかというと、そうでもないでしょう。よくある部下の言い分は、「上司が報告しにくい空気を漂わせている」というもの。手間をかけて報告しても、それがあたりまえという顔つきで聞き、下手をすると「何が言いたいのかわからない」などと責められます。おまけに、報告したところで上司から支援を得られることは少なく、時間の無駄という感じがします。報告したために、余計な仕事を発注されてしまうことすらあります。部下側からすると、報連相はメリットよりもデメリットを感じるものになっているのです。

「義務」→「アピールチャンス」へのシフトチェンジ

部下が報連相に対してデメリットを感じているとしたら、それは上司の責任です。だからといって、「報連相はしなくてもいい」という話にはなりません。なぜなら、上司に「報連相が悪い」と思われると、部下である自分の評価に響くからです。せっかくよい仕事をしても、上司が満足するような報告ができないと成果を認めてもらえないのです。

しかも、具合の悪いことに人事考課には必ずコミュニケーション系の項目があります。報連相が悪いと、コミュニケーション系の項目全体にマイナスの影響が及んでしまいます。

ここで、考え方を変えましょう。「報連相は上司に対する義務である」という考えを改め、**「報連相は上司に影響を与えるツール」ととらえるのです。**報告は上司に対するプレゼンと考え、簡潔にさりげなく自分の仕事の成果をアピールしましょう。

また、相談は上司を動かすためのものと考えます。「ご相談なのですが」と言いながら上司を巻き込み、上司を使いましょう。

報連相は上司のためではなく、自分のためのものなのです。

具体的な話もしましょう。「聞かれる前に状況を知らせてほしい」という要望に対し、「いつ知らせればいいのか」を考えてみます。毎日進捗を知らせる必要はありませんし、それは上司も望んでいません。適切なタイミングでやっておけば済むことです。そのタイミングは、上司の定型業務を見ればわかります。

報連相に関連する上司の定型業務の中で、最も重要なものは管理者が集まる報告系の会議です。会議では、経営陣から相当厳しい追及を受けます。それに備え、上司は事前に報告の準備をします。昨今の経済環境では、華々しい結果を報告できない場合が多く、叱責を避けるために少しでも今後につながるような動きも報告したいもの。だからネタ集めをするのです。

自分の管理者時代の経験からすると、ネタ集めをするのは会議の3日前ぐらいからです。あまり早く集めても、情報の鮮度が落ちます。となると、こちらの対応は**「会議の3日前に業績に影響がありそうな案件の報告をする」**ということになります。そうすれば、ジャストなタイミングで「聞かれる前に」を実現できます。

聞かれるまで報告しない人、報告はするけど間の悪い人、どちらも評価で損をします。そうならないよう、タイミングよく状況を知らせましょう。

memo

報告は上司へのプレゼン。
会議の3日前の報告で、タイミングのよい部下と認めさせる。

no. 02

事実を言ってほしい

報告では事実と意見を交ぜない

上司が、チームの仕事状況を把握しておきたいのは自然なことです。状況把握に関し、最もほしい情報は「事実」です。

特に、なんでも自分で判断したがる指示型の上司の場合、「報告は事実のみで結構。判断はこちらでする。本人の主観など余計な情報は不要」とまで言います。

だからといって、言われた通りに事実だけを報告して指示を待つと、今度は「君には提案がない。受け身の指示待ちの姿勢で物足りない」などと言われます。

部下にしてみれば、「矛盾しているじゃないか！」と反論したくもなります。しかし、上司の中ではまったく矛盾していないのです。そのハラの内を解明しましょう。

上司が望んでいるのは、まず状況を正確に把握すること。その後に、妥当な次の一手を確定しておくことです。主観が交じると状況がわかりにくくなります。だから、「事実を言ってほしい」なのです。

状況が把握できたと感じたら、次の一手に考えが及びます。この際、細かな仕事に対してまで、いちいち指示するのは煩わしいもの。部下から妥当な提案があれば、それを承認して済ませるほうが楽です。だから、「提案しろ」なのです。

「事実を言ってほしい」を言葉通りにとらえるのではなく、「事実と意見を交ぜないでほしい」と受け取るのが正解です。

形容詞や副詞は数字にして伝えよう

対策としては、報告の前半を「相手に状況を把握させる過去事実（あるいは途中経過）フェイズ」に、後半を「次の一手を提案する未来向けフェイズ」に分けることが有効です。

過去事実を伝える段階で重要なのは、数字とセリフです。上司から「事実を言ってほしい」と言われる場合、話の中に数字が足りなかったり、ナマのセリフが抽象的な表現に置き換えられていることがよくあります。

数字は概算でも構いません。「社内から多くの問い合わせがありました」ではなく、「12名の社員から問い合わせがありました」と言えば事実として認知されます。形容詞や副詞は、すべて数字に置き換えるつもりで話してください。

また、セリフは加工せず、そのまま話しましょう。「先方はもう少し価格を下げるよう要望しています」ではなく、「先方は『この値段では発注できない』と言いました」とします。その際、本論に関係のないセリフはカットします。

さらに、「先方の思い違いだと思われます」「先方が乗り気ではないようで」「先方が心配性らしく」のように、**事実と主観の境界線があいまいな表現はやめましょう。**

過去事実を伝える段階でこのように話せば、「事実を言ってくれ」という要望を満たすことができます。

なお、数字とセリフからなる過去事実の伝達がうまく進めば、上司は「で?」と言ってきます。これが「未来向けフェイズに進め」というサインです。自分の意見は、この段階で言いましょう。具体的な意見の述べ方については、次項で説明します。

memo

事実と意見を分けて話す。
事実は数字とナマのセリフで表現する。

no.
03
自分を主語にして話してほしい

増加するあいまいな意見表明

管理職の方から、「最近の部下は、主語のない話し方をする者が多い」という話をよく聞きます。これは表現方法の問題です。

例えば、主語のない話し方として、「思われます」「ようです」「べきです」といった官僚的な表現があります。こういう表現は上司が嫌うものです。

「思われます」は、自分が思っているという事実をぼかした表現です。上司は「自分の存在を消し、発言の責任回避をしようとしている」と感じます。

「ようです」を使えば、上司は「明確な根拠なしに憶測でものを言い、事実に色付けしようとしている」ととります。

「べきです」を多用する部下には、「論理的な説明を省略し、一般的な定理のように言うことで自分の考えを押しつけている」と嫌悪感を持ちます。

とはいえ、こういう言葉を使うのは若い部下の世代だけではありません。私が最近受け取るメールでも老若男女問わず、「かと思います」という表現を使う人が増えています。「だと思います」とするところを「か」を使って疑問形にすることで、押しつけ感を減らそうという配慮だと好意的に解釈していますが、表現としては自分の意見をぼかすタイプのものです。

このように若い方だけでなく、文句を言うベテランのビジネスパーソンも含めて、ストレートに意見表明しない傾向は強まっています。これでは、自社の意見を主張し合うような海外企業との交渉や、自国の意見を主張し合うような諸外国との交渉に、日本企業や日本国が負けてしまうのも無理はありません。

すぐできる効果的な話し方

少し話が大きくなりましたので、元に戻しましょう。

部下のほうは、「思われます」「ようです」「べきです」を責任回避のためや事実に色付けをするため、論理的説明を省略して押しつけるためといった戦略的な意図で使っているわけではありません。なんとなく口グセになっているだけ、という方が圧倒的に多いもの。しかし、その結果、印象で損をしているのです。

ここで、表現を変えましょう。「思われます」「ようです」「べきです」の前に、「私は」を付けるのです。そうすると、「思われます」「べきです」は「私は〜と思います」に、「ようです」は「私は〜と見ています」に変わります。

話のはじめに、「私は」を付ける効果は実証済みです。プレゼンテーションの研修でも、「私は」を付けた話し方に変えると印象が強くなりました。

これは、私だけが感じるわけではありません。参加者の相互評価でも、**「私は」から話すように変えると、「話が明確になった」「メッセージが力強くなった」というポジティブな評価を得られています。**この話し方の変更はすぐにできます。

いまは、「私」を主語にはっきりと意見を述べる人のほうが少数派です。「自分を主語に話してほしい」という要望に応えることは、ビジネスパーソンとして差別化していくための、身近で意外に効果が大きなポイントです。

memo

意見の始まりは「私」から。
明確で強いメッセージを発信する。

no. 04

正直に話してほしい

予防線は状況把握のジャマ

上司は「部下が正直に話していない」と感じると、非常にストレスがたまります。特にトラブルがらみの話では、その傾向が強まります。

トラブル時は、状況を把握したくても関係者の言うことが異なり、実態がわからないことが多いもの。これでは的確な解決策を考えることもできませんし、誤った対処で被害を広げてしまうことにもつながりかねません。

「事実は1つのはず。誰かが事実を歪めている。だから正直に話してほしい」というのが上司の願いです。

このように上司が困っているのは、部下がウソをついているからなのでしょうか。そんなことはないと思います。ウソだらけの部下など、滅多にいません。ウソをついていないにもかかわらず、上司から「正直に話していない」と言われるのは、話し方に問題があるからです。

部下側は、トラブルの報告や相談をする際にこんなことを思います。

「ヘタな言い方をして、全部自分のせいにされてはたまらない」

だから、**言いにくい結末は「自分のせいではない」という予防線を張ってから伝えがちです。しかし、この予防線が上司からすると余計なのです。**

「クレームになった」「実績が下がった」「納期が遅れそうだ」「予算外のコストがかかる」、こういった事実を早く把握したいのが上司の立場です。部下が予防線として挙げる、「こういう状況で仕方がなかった」という話も事実なのでしょう。

しかし、予防線として話す以上、自分にとって不都合な部分よりも都合のいい部分を列挙することになります。それも、少しずつ表現を調整して。

上司は、それが状況把握の阻害要因だと感じています。そういうパターンの話し方は過去に何百回も経験済みで、話のはじめからトラブルの雰囲気を感じ取ります。

上司は「いまは予防線の部分だ」と察知し、よくない結末のパターンをあれこれと想像しながら聞いています。

そして、結末になると「やはり、そういう話か。だったら、余計なことを言わずに、最初から正直に話してくれ」となるわけです。

悪い報告は逆の順番で話す

このように、予防線は効かないどころか逆効果になります。どんな言い方をしようと、上司は担当者のせいにしたくなります。「そういう外的な要因も含めてコントロールするのが君の役目じゃないか」と。

こんな話をすると、部下の皆さんから「あれもこれも全部自分のせいにされて責任を取れと言うのか。納得できない」と苦情が来ます。そうは言いません。むしろ、自分のせいではない部分は上司に正しく理解させなくてはいけません。

では、どうすればよいのか。よくない事態を招いたことを担当者として率直に詫び、最も言いにくい結末を伝え、その結末に至った経緯の中で申し開きをします。

つまり、**予防線を張るのと逆の順番で話せばいいのです。**

上司は、早めに担当者が責任を感じていることがわかり、話の結末を知ることができ、ほしい情報が入手できた状態で申し開きを聞くことになります。逆順で話すねらいは、上司が申し開きを受け入れやすい状況を作ろうということです。

うまくいけば、「いや、それは仕方がないことだ。それより対策を考えよう」という話につなげることができます。

単純に逆順で話すだけで、正直に話していると感じさせることができ、不必要に責められることを避けられるのです。

memo

トラブル報告は、詫び→結末→申し開き、の順で話す。

no.

05

悪い報告はもっと早くしてほしい

経営層が求めるバッドニュース・ファースト

「悪い報告を早く知らせてほしい」と最も強く願うのは経営者です。経営者にとって、下からいい話ばかりが上がって安心していたら、突然深刻な問題が露見して経営に支障を来すような事態になることは、なんとしても避けたいもの。

早く知らせてくれれば、被害が少ないうちに収束させることができるかもしれませんし、打ち手にも幅があります。既に被害が広がり、打ち手の幅が限定された状況で知らされたら、「なぜ、もっと早く言ってくれなかったのか」と悔やむことしかできません。

このように現場と距離のある人が、バッドニュース・ファーストを強く求めます。現場に近ければ、バッドニュースは自然と目にしたり、耳に入ってきます。それができない人、つまり経営者や多くの部下を抱える部門の責任者のように、高いポジションの人ほど、悪い報告を早くほしがります。そして、『バッドニュース・ファースト』のような社内標語ができあがるのです。

それでも、悪い話を早く上げる部下はなかなか増えません。部下側にも事情があります。部下の方々に「悪い話を早く上げないことがありますか?」と問いかけると、皆さんうなずきます。

「なぜ早く上げないのですか?」と理由を聞くと、「上司が悪い話を聞くと不愉快な表情をする」「話しても手を貸してもらえず、責められるだけだから」「問題ばかり起こしているダメなヤツだと思われたくない」という答えが返ってきます。

部下の視点では、悪い報告のメリットは会社や上司だけにあって、自分にはデメリットやリスクしかないように見えるわけです。

しかし、そこには大きな見落としがあります。**部下にとって、悪い報告を早くすれば、早く自分の気が楽になるという大きなメリットがあるのです。**

先延ばしするほど深刻になる悪い報告

「自分の言動やミスがもとで悪い状況を招いたが、まだ露見していない。でも、状況が好転する可能性は低く、いずれ表面化することになる」という事態は辛いものです。発覚する可能性が高まっていよいよ言うしかない状況になれば、さらに辛さは増します。

それでも言えずに過ごす日々、「今週も言えなかった…」と暗い気持ちで過ごす休日は想像しただけで憂鬱です。最も精神的に追い込まれるのは、問題をひとりで抱えている状況です。それは、上司に責められるよりも精神的に辛いもの。その状況を作ってしまうのは自分自身である場合が多いのです。

かつて、私の部下が次のような状況に追い込まれました。彼が担当していた仕事にクレームがつき、顧客が「金は払わない」と言い出しました。未回収の金額は700万円です。仕事は終わっており、納品も済んでいるので顧客は困っておらず、こちらの出方を待っています。

彼はそのことを私に言い出せず、ずっと黙っていました。発覚したのは、1か月後。毎月末に出力される売掛金リストに、その案件が出た時です。しかも、その数日前から彼は体調不良を理由に会社を休んでいました。

電話をすると、何を聞いても「すいません」としか言いません。その日の夜、彼の家の近くで会って話をしました。目を伏せながら、彼がポツリポツリと言ったのは、次のようなことでした。

「最初はささいな行き違いでした。通常の仕事でもよくある話です。でも、次から次へと問題が出てきて、雰囲気が悪くなりました。ただ、最後は商品を受け取ってくれたので、先方も納得したと思ったのです。お客さんが金を払わないと言い出した時、自分の甘さに気づきました。そして、明日こそ報告しようと思っているうちに1か月経ってしまいました」

結局、その案件は彼と一緒にお客さんに詫びに行き、値引きで手を打ちました。完全な赤字です。私は言いました。

「命までは取られない。これからは早く言ってくれ」

これは私がかつて上司から言われたこと。こういうことは、誰もが経験するものです。
もし、いま報告しにくい問題を抱えているならば、明日言いましょう。

memo

問題をひとりで抱えているのが一番辛い。
悪い報告を早くするのは誰よりも自分のため。

no.

06

途中経過も知らせてほしい

短い中間報告が生む大きな効果

報連相にまつわる上司と部下の意識ギャップでよくあるのが、途中経過の報告に関するものです。

部下は目の前の仕事を完了するのに精一杯で、報告は終わってからまとめてしようと思っている。一方の上司は納期が近づき、どうなっているのか気になっている。こういう状況はよくあります。

部下が思っている以上に、上司は中間報告を求めているもの。**上司にとっては、少々遅れていることよりも、どうなっているかわからないことのほうが困るのです。**

中間報告をもらえれば、状況がわかりますし、手も打てます。作業終了後、すぐに次工程に進めるような段取りを組むこともできるのです。

私にも経験があります。外注のプログラマー2人と仕事をしました。ひとりは男性、もうひとりは女性で、それぞれに違う仕事を発注していました。スキル的には男性のプログラマーのほうが多少仕事が早く、バグの少ないプログラムを作ります。

当初、私は2人に同じ量の仕事を発注していましたが、スキルでは多少劣る女性プログラマーのほうにだんだん多く発注するようになりました。その理由は、単に中間報告のメールをくれるからです。「いま、どのくらい進んでいるのか、問題があるのかないのか」がわかりますし、次工程の段取りも組めます。

一方の男性プログラマーのほうは納期はほぼ守ってくれますが、納品するまでなしのつぶてでした。信じてひたすら待つというスタンスもありえますが、なかなかそういう気持ちにはなれないものです。元請けの私は、お客様から「その後どうですか?」と聞かれるかもしれませんし、私自身も中間報告をしたいのです。

私は、男性プログラマーに「一言でいいから中間報告をしてほしい」と頼みました。でも、やっぱりしてくれません。本人の言い分は「作業が乗っている時にどんどんやらないと進まない。手を止めたくない」ということでした。私自身もプログラミングをすることがあるので、その気持ちはよくわかります。

ただ、こちらもビジネスです。やはり、ごく簡単でいいので中間報告はほしいもの。ちなみに、女性プログラマーの中間報告のメールはこんな感じでした。

「受注システム部分ができました。全体の4割完了です」

挨拶文も末尾の署名もなく、これだけです。でも、このわずか20文字程度の中間報告がとてもありがたいのです。

こうして、私は徐々に女性プログラマーに優先的に仕事を発注するようになりました。2人の力量差が相当大きければ別ですが、わずかな差だったら中間報告をしてくれるほうに発注します。

もし、あなたが「上司は重要な仕事を私に与えてくれず、自分より能力の劣る人間にいい仕事をまわしてしまう」と感じているならば、まずはご自身の中間報告をチェックしてみてください。

上司はあなたの能力を認めていても、途中経過を知らせてくれないという1点のみで、重要な仕事を発注できないでいるのかもしれません。

memo

手間をかけず、
20文字程度の中間報告で安心させる。

no.

07

要点をまとめて話してほしい

意識と能力のハードルを跳び越えよう

上司というものは、例外なく「要点をまとめて話してほしい」という要望を持っています。複数の部下の話を聞く立場ですので、ダラダラと長く話されると時間的にも困りますし、気分的にもイライラします。忙しい時はなおさらです。

一方の部下の側も好きで長く話しているのではなく、むしろ要点をまとめて話したいと思っています。しかし、これが難しい。

そのためには、意識と能力という2つのハードルを越えなければなりません。意識の部分では、「後で、これも言っておけばよかったと後悔するかも…」という不安と戦う必要があります。また、意識がしっかりしていても、言葉として表現する能力がなくては、要点をまとめることはできません。対策を考えましょう。

まず、意識について。レス・イズ・モア（Less is more）という言葉を覚えてください。これはもともとデザインの世界から来た言葉で、「絞って削いでわずかにすることが、多くをもたらす」という意味です。この言葉で、「念のため言っておいたほうが」という誘惑を断ち切ってください。それが簡潔に話すためのスタートラインです。

次に、能力について。話をまとめる力を持っている人はすぐにわかります。例えば、会議や研修でメンバーの意見を集約する必要が生じた時に、「〜ということですね」とまとめて言葉にできる人がいます。やがてメンバーは話をまとめる段階になると、その人の顔を見るようになります。あなたがそういう人だったら、まとめる力を持っている方です。

こういう力をコンセプチュアル・スキル（概念化能力）と呼びます。形の異なる数多くの小さな玉を整理し、1つの大きくシンプルな形に置き換えて表現できる、そんな力です。これは、ポジションが上に行けば行くほど求められる能力です。多くの会社が管理職登用試験に小論文を用いているのは、このコンセプチュアル・スキルを測りたいからです。**あなたがこれからポジションを上げていくためには、要点をまとめる能力が必須になる**ということです。

日常業務で鍛える要約スキル

では、どうすれば要点をまとめる能力を高められるのか。王道は、文章要約です。長文から要点を抽出することを繰り返します。

要約のトレーニングができる場面は、仕事の中に数多くあります。これからあなたが書く報告書、提案書、プレゼン資料のすべてに冒頭要約文を付けることを習慣化しましょう。

ボリュームは100文字程度。ワードのデフォルトはA4横書きで1行あたり40文字程度ですから、3行目の途中で終わるぐらいが理想です。まとめる能力を高める効果があるとともに、読み手である上司や顧客等に対するサービスにもなり、一石二鳥です。

とはいえ、仕事上、文章を書く機会が少ない方もいるでしょうから別の方法も提示しましょう。それは、話す時に「一言で言うと」というフレーズを口グセにすることです。このフレーズを言ってしまったが最後、次の一言はまとめた言葉を言わざるをえません。自分を追い込んで、言葉を絞り出す加圧トレーニングをするというわけです。**「一言で言うと」を口に出せば出すほど、要点をまとめる力は向上します。**

もし、毎日のように上司に言われて、いますぐ効く方法を求めている方には最後の一手「メモ書き」があります。上司に話す前に、内容を箇条書きにしておきます。そのメモを渡してから話し始めることが、「要点をまとめて話す」ことの代替になります。ベタな話で、しかも面倒です。でも、上司には確実にウケます。

memo

文章要約や「一言で言うと」を通じて、まとめる能力を高める。

no. 08

結論から言ってほしい

結論から話さない人のタイプ

最後まで聞かないと結論のわからない話、最後まで読まないと結論がわからない文章、どちらも忙しい上司にとって悩みのタネです。

私の担当する話し方の研修には、「上司に『結論から話せ』とよく言われます」という参加者の方が大勢来ます。そういう方々は、次の3つのタイプに分けられます。

1つ目のタイプは、何が結論かわからない人。見分けるのは簡単です。「いまあなたが話したことを、上司から『出かけるから10秒で言ってくれ』と言われたとします。どの部分を話しますか?」と聞いてみればよいのです。

ここがズレている人は結論から話せません。このタイプは、自分にとって大切なことと、上司にとって重要なことを分けるトレーニングから始めなくてはなりません。ただ、さすがにそのレベルの人は少数です。

2つ目のタイプは、話しながら結論を考える人。筋道を決めないまま話し出すのは、終着駅を決めずに出発する列車のようなものです。話し始めは、「そもそも」「背景として」といったコトの発端からが定番。その部分は、考えなくても話すことができます。そのように話しながらまとめを考えると、妥当な結論には至るもののスピード感のない話し方になってしまいます。

このタイプには、「結論から申しますと」と話し始めるようにアドバイスしています。短時間で改善できますし、効果は絶大です。実例を挙げましょう。

ある企業で、私がプレゼンの研修講師を担当しました。この研修に関し、人事部門が参加者の上司たちを対象に後日アンケートをしました。質問は、「①研修の効果が見られたか　YES/NO。②YESと答えた方、変化があったのはどのような点か」というものでした。

その結果、①に関して「プレゼン研修の効果はこれまでに実施した研修の中で最も高かった」というお知らせをいただきました。②の変化の内容も聞いてみたところ、「報告時に、結論から話すようになった」という声が多かったそうです。

私は不思議に思いました。研修では報連相の話など一切しなかったからです。単に、「いまは結論先出しがプレゼンのスタンダードで、とにかく『結論から申しますと』と話し始めればよい」と話しただけです。

この経験を通じ、私は確信しました。**上司は、報告時に「結論から申しますと」と話し始めるという単純なことで満足するのです。**

結論後出しを習慣にしている人への提案

結論から話さない3つ目のタイプは、「あえて結論を最後に言う人」です。このタイプの改善が最も難しいのです。なぜなら、結論は話す前からまとめてあり、先に言えるのに本人が好んで後で結論を言うからです。その理由は、意図的なものと習慣的なものに分けられます。

意図的なものは、「04．正直に話してほしい」（27ページ）に出てきた、よくない話の前に予防線を張るという理由。これについては、無意味どころか逆効果であることを理解してもらえたと思います。

もう一方の習慣的なものは、結論後出しのスタイルが刷り込まれているという理由です。私の部下に、理系で過去に学会発表で一定の評価を得た経験のある人がいました。彼は、「背景→先行事例→研究の目的→具体的内容→結論」という順の話し方を成功パターンとして持っていました。

彼の説明はいつも非常に長く、最後まで結論が見えません。私が「結論から話すように」と言っても、過去の成功体験から頑として変えようとしません。「いきなり結論を言っても相手はわからない。この話し方で評価されてきた」と言い張ります。

それに対し、私は「結論からでも十分わかる。それに、ここは学会じゃない」と言い返し、よく口論になりました。いまなら、彼の成功体験を尊重しつつ、前向きな話し合いができると思います。「認められたのは話し方ではなく、君の研究そのものが素晴らしかったからだろう。ビジネスモードに適した話し方も作っていこう」と言うでしょう。

結論後出しを習慣にしている人に、問いかけたいと思います。

その話し方は、師匠や先輩から「こういうものだ」と受け継いだものではありませんか？　いま、改めてベストな順番をあなたが判断してみませんか？

試しに結論先出しで話してみて、周囲の人に感想を聞いた上でご自身で判断してください。

すべてのタイプの人に改めて申し上げます。**結論後出しで損するのはあなたです。**

memo

報告、説明は「結論から申しますと」と話し始める。それだけで上司は満足する。

no.

09

勝手に判断せずに相談してほしい

自己判断と要相談の境界線を決めよう

私のセミナーに参加してくださった方から、こんな質問がありました。

「上司から『勝手に判断するな』と繰り返し言われたので、なんでも相談するようにしたら、今度は『そんな細かいことを、いちいち聞くな』と言われました。どうすればよいのでしょう?」

この方は、上司の発言が矛盾していると困惑していました。

でも、おそらく上司の中で矛盾はありません。真意は、「自分で判断してよいことと相談すべきことのライン設定がおかしいぞ」ということなのだと思います。そう理解できたとしても、この問題は解決しません。実際、どこにラインを設定すればよいのかという課題が残ります。

この判断ラインに関し、上司に基準を求めても具体的な答えが返ってくることは少ないでしょう。部下側で、対策を考える必要があります。お勧めは、自分なりの判断基準を作って対処すること。A、B、Cの3つ程度に案件をランク分けし、対処法も分けるのです。

案件を重要度によって分けて対応する

Aランクは重要案件。ビジネスにおける重要案件とは、組織の業績、特に数字に大きな影響が出る事柄です。このような案件に関する判断は、「上司に相談する」ことを原則にします。上司にとっても重要な案件なのですから、「そんなこと、いちいち聞いてくるな」ということにはなりません。

また、**重要案件に関する事前相談は、自分自身のリスク管理としてもやっておいたほうがよいことです。**例えば、一歩間違えば損害賠償を求められるような案件を担当しているとします。自分の判断がどんなに適切でも、結果が悪く出れば、責任を取らなくてはなりません。事前に相談しておけば、上司も連帯責任です。相談を通じて上司を巻き込んでおくことが、リスク分散につながるのです。

Bランクは重要度が中程度の案件。このランクのものについては、「一応言っておく」というスタンスで構いません。あまり時間をかけないことが自分のためです。ポイントは、**「私はこうしようと思うのですが、どうでしょう?」というように提案付きで相談すること。**考えが一致している場合はOKで済み、考えが一致しない場合のみ協議すればよいのですから、全体的な時間短縮になります。

また、上司にとって細かい案件まで状況を深く聞いて判断するのはしんどいもの。提案を付けておけば、承認、または否認という単純な判断で済むので楽です。これが、「いちいち聞くな」というコメントを封じることにもつながります。

Cランクは、結果がどうなろうと部門の業績数値に影響が出ないもの。これについては、事前相談なしでよいでしょう。担当者として素早い判断を求められている時に、おうかがいを立ててはいられません。そういう案件こそ、上司が「いちいち聞くな」という対象です。

このように、案件を重要度によって「上司に判断を求めるもの」「一応言っておくもの」「こちらで判断するもの」と分けて対応すれば、「勝手に判断するな」も「いちいち聞くな」も言われなくなります。

memo

重要度で案件をA、B、Cにランク分け。Aは必ず相談、Bは一言伝えておき、Cは自分で判断する。

no.10

相談したことは、その後を知らせてほしい

相談相手はずっと結果を気にしている

読者の皆様は、こんな経験をしたことがありませんか？

人から相談をもちかけられたので、アドバイスをした。数日経ってから、「その後どうなったんだろう」とフッと思い出す。

でも、結果を知らされることはない。次にその人に会った時に、「あれからどうなったの？」と聞いてみる。すると相手は、慌ててその後の話をする。よくあることです。

相談した側からすれば、アドバイスを聞いてお礼を言ったら終わり。でも、アド

バイスした人の中では、終わっていないのです。だから、相談したら「その後どうなったか」をきちんと伝えるようにしましょう。そうすれば、アドバイスした人は喜んでくれます。

「おかげでうまくいきました。ありがとうございます」と言われれば嬉しいもの。次に「相談したい」と言った時にも、気持ちよく相談に乗ってくれます。

これは、上司と部下の関係にもあてはまります。部下が問題解決のために相談したら、上司は後日「あの後、どうなったんだろう?」と思い出します。結果を知りたくなるのは自然なことです。相談したことは、その後どうなったかを上司に知らせるようにしましょう。

結果を知らせにくい時の対処

ただ、「その後」を知らせにくいケースが2つあります。

1つは、まだ結果が出ていない場合です。結果が出ないうちは、「その後」を伝えようがないと考えがちです。でも、相談した相手は結果が出ていないことすら知ることができません。

「いつ結果が出るかわからない」という状況ならば、中間報告という形で知らせておいたほうがよいでしょう。タイミングとしては、相談に乗ってもらってから2週間ぐらいが限度です。結果が出ていなくても、それ以上経ってしまうと知らせるのが遅い印象になります。もちろん、後で結果が出た時には改めて知らせます。

もう1つは、結果が悪かった場合です。せっかくアドバイスをしてもらっても、結果が悪かったら「おかげさまで」という報告ができません。また、結果が悪いとアドバイスをしてもらった事実も忘れがちです。この場合は、次のように言いましょう。

「せっかく相談に乗ってもらいましたが、自分の力不足でよい結果を出せませんでした。でも、必ず次に生かしますので、またアドバイスお願いします」

こう言われれば、アドバイスした側はよい結果が出たのと同じぐらい嬉しいもの。結果が悪かった時こそ、その後を知らせましょう。

このことは相手が上司である場合に限りません。社内外の専門家に相談に乗ってもらった時も同様です。相談相手への報告は義務的なマナーと考えるよりも、相談に乗ってくれる貴重な人脈を大切にする活動と考えましょう。
人は、結果よりもその後を知らせてくれたことのほうを覚えているものです。

memo

結果が出ていなければ中間報告。
結果が悪かった時は次につなげるコメント。
上司だけでなく、相談に乗ってくれる貴重な人脈を大切にする。

no. 11

メールは件名を具体的に、重要なことは最初に書いてほしい

大量受信する上司に読み飛ばされない工夫を

管理職が受け取るメールの数は、年を追うごとに増えています。最近、セミナーに来ていただいた管理職の方々に、1日に受け取るメール数を聞いてみたところ、50通以下が30%、50通~100通が50%、100通以上が20%でした。最も多い方は300通以上でした。

最多の部長さんに「そんなに多くのメールを、どうやって処理しているのですか?」と聞いたところ、「原則としてCCは読みません。本文も、すべて読む場合のほうが少ないです。引用部分は読みませんし、力を入れて読むのは最初の数行で

す」ということでした。

今後も、このような上司が増えていくでしょう。そうなると「重要な依頼事項を読み飛ばされる」危険性が生じるので、**依頼事項は最初の5行目ぐらいまでに納期も含めて書く**という部下の方が増えてきました。これは仕事術というより自衛策です。読者の皆様は対応済みでしょうか。

また、大量のメールの中から、いかに自分のメールを早く読んでもらうかという工夫をしないと、後回しにされてしまいます。こちらについては、「東西産業様の納品無事終えました」というように、件名に固有名詞を入れる方法が既に一般的です。

いま時「ご報告」のような中身の見えない件名を付けていると、数多くのメールを受信する管理職から「これでは、開封の優先順位がつけられないじゃないか」と嫌がられます。件名の工夫に関しては、固有名詞に【や■などの記号を使って「【東西産業様】納品無事終えました」というように、目に止まりやすい方法を利用する人が増えてきました。

私はパソコン通信の頃からメールを使っている旧世代です。当初、機種依存文字の可能性が高い記号入りの件名を見た時は違和感があったのですが、探す際に目立って便利なので、いまではすっかり慣れてしまいました。

上司に送るメールで実験しよう

最近、私にメールをくださる方の中に「デキる」と感じさせる人がいました。その方の件名は、次のように記号を内容によって使い分けていました。

【ご依頼】東西産業様の資料　6月20日までにお願いします

〔ご報告〕南北建設様　内容OKでした

くっきりとした記号のついた依頼事項については「しっかり確認してくださいね」、軽めの記号のついた報告事項については「時間がある時に見てもらえればいいですよ」というメッセージを感じました。

この方は対面コミュニケーションも大変お上手です。件名をはじめとしたメールの巧拙はコミュニケーションの感受性と連動するものです。

メールは、まだ手紙のようにスタンダードな作法が確立しているわけではありません。いろいろ工夫できる自由度があります。

社外向けのメールは形式重視で気を遣う必要がありますが、上司向けの社内メールなら実験も許されます。試しに、いろいろ工夫してみてはいかがでしょう。それが、コミュニケーションの感受性を高めることにつながります。

memo

件名には固有名詞を、記号は意図を持って利用する。依頼など重要事項は5行目までに記載し、読み飛ばしを防ぐ。

no. 12

CCメールを流すだけでなく、時には一言加えてほしい

「すべてCC方式」の落とし穴

上司に逐一報告する代わりに、CCメールを送ることが一般的な慣習になってきています。最近これがエスカレートして、社外向けに添付ファイル付きのメールを送る場合、上司にCCを設定しなければ発信できない会社や、社内も含めすべてのメールが自動的に上司にCCで送られるシステム（以下「すべてCC方式」）の会社まで出てきました。

「すべてCC方式」の会社に勤める部下の方に感想を聞くと、「最初の頃は、任されていない感じがして抵抗がありました。でも、最近は慣れてきて、いちいち報告

しなくてもよいので楽だと感じるようになりました」と言っています。

一方の上司も、「もともと会社の内部統制で始まったこと。受け取るメールが一気に増えて困った。全部のメールに細かく目を通す時間はない。ただ、最近は来ているだけで安心と感じるようになってきた」と言っています。

上司も部下も、「すべてCC方式」にすっかり慣らされてしまっている様子がわかります。その結果、部下はCCを送るだけで特に報告はせず、上司はCCに安心しつつも、しっかり読んでいるわけではないというコミュニケーションの形骸化が進んでいます。

「すべてCC方式」ではない会社でも、報告代わりのCCが定番になれば、同じ状況になります。その状況を危惧している上司もいます。「CCで流れはつかめるようになったが、案件への関わりは薄くなった」と懸念しているのです。

上司はCCにない情報に価値を感じる

関わりの薄さを気にしている上司に「それならば、部下に声をかければいいのでは？」と聞くと、「『ＣＣで見ていますよね？』と言われそうで、声をかけにくい」と言います。考えすぎだと思うのですが、ＣＣをもらっている状況では、「あの案件、最近どんな様子だ？」という言い慣れたセリフが使えないことも確かです。

こんな実情ですから、部下の皆さんはたまには面と向かって「ＣＣで見ていただいているプロジェクトですが、個人的には年内完成を目指しています」「今日、お客様に送ったメールにはこういう意図があります」と、一言加えてみてはどうでしょう。

上司は、今後に関する自分なりの構想など、ＣＣで流しているメールに書かれていない情報を待っています。ＣＣにない情報に価値を感じるのです。

これまで、メールのＣＣ機能が仕事の効率を上げてきたことは誰もが認めています。ＣＣは状況の共有には大変便利です。

ただ、それだけで上司と部下がマインドを共有することは困難です。状況が共有できていても、マインドが共有できていなければ土壇場で大きな問題が生じることになります。

考え方の違いが最終段階で表面化すると、納期が迫る中で上司から手間と時間がかかる追加や変更を指示されるなど、大変な事態になるわけです。それを防ぐためにも、時にはＣＣを補足する一言を加えましょう。

memo

ＣＣには表れない自分の思惑や構想を上司に伝えることで、マインドを共有し、リスクを低減する。

no. 13

近くにいる時はメールではなく口頭で言ってほしい

近くて遠い上司との距離を縮める方法

「最近、あまり上司と話をしていない」と言う部下の皆さんの話をよく聞くようになりました。近くに座っているのに不思議です。

どうして話をしないのかと聞いてみると、「上司と話したくないから、なるべくメールで済ませている」という身もふたもない答えが返ってくることもあります。

これほどの職場内別居のような状況は少数派だとしても、多くの皆さんは「メールでコミュニケーションをすることが多くなり、その分、会話をする必要性が減った」と言います。

そこで、なぜコミュニケーションの主体をメールにするのかと聞いてみたところ、「自分の発信したメッセージを記録しておきたい」「後で見た時に経緯がわかるように」「口頭だと上司に聞き流されてしまう可能性があるから」という答えが返ってきました。

納得できるお返事です。ましてや、メールでコミュニケーションをすることに慣れている世代の皆さんです。自然なことでしょう。

一方で、口頭コミュニケーション不足を寂しがっている世代の人々がいます。それが上司の世代です。

50歳以上のビジネスパーソンは、若い頃プレイヤーとしての全盛期を「口頭コミュニケーション一本」で乗り切ってきました。時には電話で、時には対面で、なんでも口で言って仕事を前に進めてきました。社内で激論しながら、互いを理解し合った経験もあるはずです。

このように**上司世代が知る「人と関係を作り、深める方法」は会話だけなのです。**

そんな上司世代の「近くにいるんだからメールじゃなくて直接話しかけてよ」という気持ちを理解し、少しは対応してあげてほしいと思います。

会話から生まれる部下側のメリット

口頭コミュニケーションのメリットは部下側にもあります。それは時間短縮です。私のクライアント企業の営業部門で、交渉を伴うコミュニケーションについて調べてみたところ、口頭はメールの1／5の時間で済んだという結果が出ました。お互いの意見を交換し、合意に達するというプロセスは、顔を見ながらその場でやりとりする口頭コミュニケーションが有利ということです。

確かに口頭コミュニケーションには、「記録が残らない」「経緯が見えなくなる」「聞き流される」というデメリットはあります。それが気になるならば、ディスカッション後に話し合ったことを簡潔なメールにして送れば済む話です。

これは上司だけではなく、社内の他部門や顧客とのコミュニケーションでも同様です。場所的な制約があるならば、電話やパソコンのオンライン・ミーティング機能を活用すればよいでしょう。

交渉、相談を含むメールを書いていて、「これは長文になりそうだ」と思ったら、口頭コミュニケーションに切り替えたほうが時間短縮になるのです。
このような、時間短縮効果に加え、上司は話をしたがっているということもあります。時には、話しかけてみませんか。

memo

相談、交渉は口頭コミュニケーション優先。時間短縮になる上に、上司も喜ぶ。

第2章／ひとりのビジネスパーソンとして認められるための「大人力」

第2章は、「大人力」の話です。仕事とは直接関係のない話し方や行動の中から、上司の目につきやすいものを取り上げて解説します。

多くはあたりまえのこと。話し方、態度、身だしなみ、机の整理まで出てきます。これらは、きちんとできているからといって積極的に評価されるものではありません。その一方で、少しでも問題があると相当印象が悪くなります。加点はないのに減点だけはしっかりされるという、厄介なものです。

もう1つ厄介なことがあります。本章に出てくる項目に関し、上司は面と向かって部下に言わないことが多いのです。

「あまりに基本的なことなので言いにくい」「細かいことにうるさい上司と言われたくない」などの理由があり、思っていてもあまり言いません。

それなのに、上司が集まると部下への不満としてよく出てくるのが、この手のお話。部下の知らないところで、上司の大きな不満となっている事柄です。

些細なことがあなたの印象に大きく影響することになるという、12の盲点を見ていきましょう。

no.

14

目を見て語尾まではっきり話してほしい

上司の最終判断軸は部下の言い方

「目を見て話すこと」と「語尾」。上司は、この2つであなたの自信を判断します。

以前、200人規模の化学会社のオーナー社長さんからこんな話を聞きました。

「実際のところ、部下の仕事の細かいところはわからない。プランの承認を求められた際、話の中に矛盾があれば、それは受け取れない。また、過去の経験と照らし合わせて違和感があれば了解できない。矛盾がなく、違和感がなければ、後は『本当にこれでいけるのか？』と聞いた時に、こちらの目を見て『いけます』と言い切ったらOKする。目をそらしたり、あいまいな言い方をするなら突き返す。自分はこのやり方でやってきた」

「目を見ない」「語尾があいまい」だと、自信がないと判断するということです。本当に自信があれば、自然と目を見てきっぱりと言い切ることができるはずだと思っている上司は多いのです。

しかし、私の経験では違います。目を見ない、語尾を濁す人はその話し方が習慣になってしまっており、自信があろうとなかろうと、同じ話し方をするのです。

一方で、確信がなくても目を見て言い切る人もいます。そういう人に理由を聞いても、「その状況になったら、そうするしかないじゃないですか」と言うだけで、特別なものはありません。

両者の違いは、長いビジネス人生では大きな差になります。

例を挙げましょう。いつも「いけます」「やります」と言い切る人は上司との話が早く終わり、無駄な時間を費やしません。言い切れない人は「本当にこれでいけるのか?」と聞かれ、「できるだけ努力します。ただ、相手のあることですし…」とあいまいに返し、会話が延々と続きます。**「本当にこれでいけるのか?」は、上司が部下の覚悟を問うための質問です。言い切らなければ覚悟ができていないと判**

断され、覚悟が明確になるまで話は終わりません。これは時間の無駄です。

その後、言い切った人も言い切らなかった人も結果を出せなかったとします。重要な仕事であれば、両者とも上司に責められるでしょう。上司は言い切った人には、「君ができると言ったから任せたんだ」という気持ちになります。言い切らなかった人には、「最初から覚悟ができていないからダメなんだ」と考えます。結果を出せなければ、どちらも叱責されるのは同じです。

ただし、言い切った人の仕事ぶりは期待を持って見守られます。一方の言い切らなかった人の仕事ぶりはずっと懐疑的な目で見られ、途中で介入を受ける可能性もあります。これはたまりません。だから、言い切ったほうがよいのです。

よい結果が出た場合も考えてみましょう。上司は言い切った人に、「よくやってくれた。頼もしいな」という印象を持ちます。言い切らなかった人には、「よくやってくれた。でも、それなら最初からやれると潔く言ってほしいな」と考えます。

よい結果を出しても、「でも」がつけられる。これも、言い切らない人が損するところです。目を見て語尾までしっかりと言い切れなければ、差がついてしまうのはもうおわかりですね。

今日からできる目を見て話す習慣

では、目を見ず話す、語尾が消えるのが習慣になっている人は、どうすればいいのか。とにかく最初にやってほしいのは、**語尾だけ相手の目を見て話すこと。**

まずは、単純な会話から実践しましょう。例えば、「わかりました。今月中に報告書を提出し…」までは目を見なくても構いませんが、最後の「ます」は目を見て言い切る。このように、語尾の部分だけでも目を見て言い切ります。

もちろん不自然です。これは始まりにすぎません。本来、前述のセリフはすべて目を見て言い切ってほしいのですが、長い間やってこなかった人にいきなり求めるのはハードルが高すぎます。

そこで、ハードルを下げて慣れていこうという作戦です。その後、順にハードルを上げ、「提出します」「今月中に報告書を提出します」のように自然に話せる単位まで、目を見て言い切る範囲を広げていきます。

繰り返しになりますが、これができるかどうかは今後のために重要なことなのです。ポジションが上がっていけば、会議で発言する機会も増えます。対外的な説明やプレゼンの場でも、日常の話し方が顔を出します。そのたびに損するのは自分です。それ以前に、言い切れなければポジションは上がりません。

目を見て語尾まではっきり話す。これはわかっているか否かの問題ではなく、いま毎日やっているか、やっていないかです。

memo

話をする際、最後の「です」「ます」などの語尾は必ず相手の目を見て言い切る。

no.

15

先走らず、最後まで話を聞いてほしい

後に戻ることが先に進むことになる

経験を積んで仕事ができるようになると、上司の話であれ、お客様の話であれ、先が読めるようになってきます。「打てば響く私」を演出したいという気持ちも生まれ、つい相手の話が終わらないうちに「それについては〜」と話し始めます。

また、仕事の効率を上げたいという気持ちが先を急ぐ言動につながり、「もうわかりました」と態度で切り上げサインを出してしまいがちです。

しかし、これは相手の気分を害します。「聞かないのは尊重していないから」と受け取られてしまいます。

「打てば響く私」を演出したいなら、先を急ぐのではなく「おっしゃられたのはこういうことですね」と相手の話したことを要約して返す。つまり、先に行くのではなく後に戻るほうが良策です。その結果、上司は「よく伝わっている。ならば、説明を少し省いても大丈夫だな」と先に進めてくれるのです。

こちらから切り上げサインを出しても話は終わりません。大半の上司は、あらかじめ内容を整理せずに話しながら考えています。結論はだいたい最後で、それを言うまでは自分の気が済みません。いつも部下に「結論から言ってくれ」とリクエストしているのに、自分は考えながら話すのが上司というもの。

とはいえ、部下のほうから「もっと整理して話してください」とは言えません。そんなことを言ったら、「ケンカ売ってるのか」ということになります。

短時間で終えてほしければ、相手が話し始める前に「2、3分で済みそうですか？　実はこの後、外出することになっていまして」と言いましょう。上司は早く伝えて投げてしまいたいもの。「ならば、短く済ます」と余計なことを省いて話してくれます。

相手の話をよく聞くことは上司と部下の関係だけでなく、対外的な交渉をスムーズに進めたり、クレームを収めるために有効です。それがわかっていても、仕事ができるようになるとつい話を聞かなくなってきます。

相手が話している最中に次の展開のことを考えてしまい、耳では聞いているけど、頭と気持ちは別のところにある。それが習慣になると、人は離れていきます。そうならないよう、相手の話をよく聞きましょう。

memo

相手の話を要約して返す。
短時間で終わらせてほしい時は、先にエンドを決める。

no. 16

指示は素直に受け取ってほしい

印象をガラリと変える言い方のコツ

上司は指示を出した時やアドバイスした時に、「でも」「けど」から話し始める部下を嫌います。

何を言っても、「だって」から話し始める子供のように見えるのです。

営業課長「お客さんに早く仕様を決めてくれるように言ってくれないか」

営業担当「でも、つい最近、催促したばかりですし」

企画課長「この企画書、表の部分がわかりにくいからグラフにしたほうがいいんじゃないか」

企画担当「でも、今日中にメールで送らなくてはならないので、もう時間がないんです」

いつも「でも」から話し始める部下に愛情を持ち続けるのは難しいことです。ただ、上司の指示やアドバイスのすべてを素直に受け入れ、丸のみばかりもしていられません。手間もかかりますし、指示やアドバイス通りにしないほうがよいこともあるでしょう。問題は言い方です。

営業課長「お客さんに仕様を早く決めてくれるように言ってくれないか」
営業担当「では、来週早々に依頼してみます。おととい催促したばかりなので、少し間を置かせてください」

企画課長「この企画書、表の部分がわかりにくいからグラフにしたほうがいいんじゃないか」

企画担当「では、次の本提案でそうします。今回は、お客様から『ラフでいいから、今日中に送ってほしい』と言われていますので」

言っていることは、ほとんど同じですが、印象はだいぶ変わりました。
「でも」から始まるのは全否定、「では」から始めれば受け入れているように聞こえます。

単純に受け入れられるものは「そうします」と返し、そのまま対応すると具合が悪そうな場合は「受けてずらす」。これがポイントです。

memo

「でも」から話し出すのを、「では」からに変える。

no. 17

もっとよく考えてほしい

上司が有利な後出しジャンケン

上司が言う「もっとよく考えろ」はクセものです。上司の真意は「考えさせる」ことではありません。これは、自分が期待するイメージと違う答えが返ってきたり、部下がイメージと異なる言動をした時に出るセリフなのです。

例えば、上司がOJT面接で「将来、どんな方向に進みたいと思っているのか?」と部下に聞いた時、「特にありません」と即答されたとします。すると、上司は「ないことはないだろう。いま思いつかないだけに違いない」と考えます。そして、「もっとよく考えろ」というセリフにつながります。

「特にありません」「わかりません」のようにゼロ回答されると、拒絶されたような感じがします。上司は考えてほしいのではなく、何か中身のある答えを返してほしいのです。「なんとなく企画の仕事がやりたいです」というように、少しでも中身のある回答が得られれば、即答されても「もっと考えてほしい」とは思いません。

同じくＯＪＴ面接で上司が管理職を目指してほしいと思っているのに、部下から「管理職にはなりたくない」という答えが返ってきたとします。上司は「デメリットばかり気にして、メリットに目を向けていないのだろう」と考えます。そして、「もっとよく考えろ」という話になります。

この場合も考えてほしいのではなく、自分の期待することを言ってほしいのです。部下からすると「もっとよく考えろ」というセリフは、上司が期待している答えを言う、あるいは上司の期待する行動をするまで永遠に続く後出しジャンケンです。

「もっとよく考えろ」を封じる方法

このように、「もっとよく考えろ」というセリフは部下にとって実に厄介です。

何しろ、上司に主導権を握られてしまうのです。いったい、どのように対処したらよいのでしょう。

基本路線は、**ゼロ回答の即答はしない**ことです。即答でゼロ回答をすれば、「もっとよく考えろ」という宿題を出されます。そしてまた聞かれた時に、再び「特にありません」と答えたら、上司は重ねて拒絶されたように感じ、その部下に対する印象は相当悪くなります。

でも、考えても出てこないということもあるでしょう。そういう場合は、いったん保留するのが賢明です。

「将来、どんな方向に進みたいと思っているのか?」と聞かれた時、答えが出てこなければ「いますぐには思いつかないので、少し考えてみます」と一回引き取りましょう。そうすれば、上司が拒絶されたように感じることはありません。

改めて考えても出てこなければ、「あれからいろいろ考えたのですが、やはり思いつきません。ただ、そういうことも考えなくてはいけないと思うので、今後も考え続けていきます」と言えばよいのです。

残るは、上司の期待する答えが言えないケース。管理職志向ではないのに、「目指します」と答えるまで「よく考えろ」と言われ続けそうな時の対処です。

部下には、上司が何を言わせたいのかわかるものです。**上司の言わせたがっていることが自分の意に反するならば、前向きな代替案を出す**しかありません。例えば、「専門職を目指しています」というように前向きな代替案であれば、上司は否定できません。こうすれば、再び「よく考えろ」と言われる状況を回避できます。

memo

ゼロ回答を保留し、「よく考えろ」と言われない状況を作る。上司の意向に沿うまで何度も言われてしまう場合は、前向きな代替案で断ち切る。

no.

18

職場では元気にしていてほしい

無意識のため息、ついてませんか?

部下には、いつも元気にしていてほしいもの。上司は職場でしょっちゅう「疲れた」と言ったり、ため息をつく部下を嫌います。そういう部下がいると、職場全体に倦怠感が伝染してしまうからです。読者の皆様も、そんな同僚が側にいたらイヤでしょう。だから、「疲れた」発言やため息はやめましょうということなのですが、話はそう単純ではありません。

実は、**「疲れた」を連発する人やため息をつく人には自覚症状がないことが多い**のです。本人はさほど「疲れた」発言をしていないと思っていて、ため息をついていることに気づいていないケースが多く、知らないうちに周囲に迷惑をかけています。それでも、周りの人はなかなか指摘しにくいものです。

事務系の女性社員から、こんな話を聞いたことがあります。

「同じ職場にいる男性社員が1日に何度もため息をつきます。そのたびに、私も憂鬱になります。やめてほしいのですが、相手は先輩なので苦情は言いにくいです。前にため息をついた時に、『お疲れですね』とイヤミを言ってみたのですが、本人は全然気づいていないみたいでした」

読者の皆さんは、大丈夫でしょうか。もし最近、周囲から「疲れ気味ですね」と言われた覚えがあるならば、要注意です。

「お疲れですね」は、あなたを心配して言っているのではなく、「ため息をやめて」という苦情かもしれません。 疲れているように見えると言われたら、どうしてそう思ったのかを聞いてみてください。

そう思った原因の中に、ため息や「疲れた」と言っているという話が交ざっていたら、それは苦情ととらえて改善しましょう。

仕事をしていれば、ため息をつきたくなることや心身ともに疲れることはあります。それは仕方のないこと。そんな時でも、ため息は深呼吸に変え、「疲れた」は飲み込みましょう。

うっかり「疲れた」と言ってしまったら、「けど、がんばろう」を足してください。それは、上司に限らず周囲のみんなの願いです。

memo

周囲から疲れを指摘されたら、理由を聞く。ため息、「疲れた」発言が原因だったら苦情と解釈し改善する。

no. 19

手本になるような身だしなみをしてほしい

上司が言いたくても言えないこと

クールビズやウォームビズの影響を受け、ビジネスパーソンの身だしなみのスタンダードはずいぶんカジュアルになりました。ノーネクタイや襟の高いボタンダウンシャツ姿もすっかり見慣れ、派手なデザインメガネをかけている人がいるかと思えば、かなりの茶髪やイチロー風のヒゲを生やしている人まで見かけます。

年配のビジネスパーソンの中には、部下のカジュアルな身なりについて、「限度を超えている」と感じる方も増えてきました。ただ、身なりについて注意した経験のある上司はとても少ないのが現状です。気にしていながら注意しないのは、「細かいことにうるさい上司と思われたくない」「どこまではOKという基準がないので注意しにくい」「部下が女性なので、ヘタに言うとセクハラになる」などの理由からです。

管理職からの「会社で基準を作ってもらいたい」という声に応え、服飾規定を改訂する企業も少なからずあります。いまや身だしなみは上司と会社にとって、面倒なテーマになりつつあります。

身だしなみに関する対応は自主規制が原則です。大人のビジネスパーソンとしての、皆さんの良識が問われているわけです。会社のビジネスと自分の職務について、「どうすれば信頼感が守れるか」を考えて、答えを出してください。

例えば、医薬品や食品に関連したビジネスでは、社員の身だしなみが企業イメージに大きく影響します。また、精密機器など精度が求められるビジネスとルーズフィット系のファッションはミスマッチです。

職務面では、**顧客に会う仕事ならば、お客様より堅い服装でなければ不自然です。職場に突然顧客が来る可能性があるならば、その時を想定してラインを決めなければなりません。**清潔であることは当然の前提として、会社のビジネスと自分の職務という2つの観点で、スキのない身だしなみをしましょう。
読者の皆様には、「服飾規定などなくても大丈夫。自分は仕事にふさわしい身なりをしている」と自信を持って言うことができ、新人や後輩から「どのような身だしなみが望ましいですか？」と聞かれたら、「オレを見ろ」「私を見て」と堂々と言えるようにしてほしいと思います。

memo

上司は思っていても言わない。身だしなみは自主規制。

no. 20

デスクは手本となるように整理整頓してほしい

机の乱雑さから仕事を疑われる

今回本を書くにあたり、周囲の管理職に「部下に求めることは？」と聞いたところ、「机を片づけてほしい」と言う人が数多くいました。そんなしょうもないことを、多くの上司が希望しているというのは驚きでした。いま、片づけがブームになっていることも影響しているのかもしれません。

ただ、この願いは以前から上司たちの中にあったものです。私もかつて管理職だった頃、部下に対し「机を片づけてほしい」と思った記憶があります。

なぜ、上司はたかが机の片づけにこだわるのでしょうか？

一番の理由は気分の問題です。単純な話、すっきり片づいているほうが見ていて気持ちいいのです。夜遅く、誰もいないオフィスで残業している時、ふと目にする部下の机が乱雑だと気分が悪くなります。

また、隣の机の資料が自分の机にはみ出してくると、わずかであっても気になります。さらに、積み上がった書類が雪崩のようにはみ出てくれば、思わず「チッ」と舌打ちしたくなるものです。

次に、「見ていて心配」ということがあります。メモを置こうと部下の机に行くと、積み重ねられた資料の下からシワだらけの伝票がのぞいている。「提出期限は大丈夫なのだろうか…」「他にも重要書類が未処理のまま残っているんじゃないか…」と心配になります。回覧がそこで止まっていたりすると、「やっぱり」と思います。

この状況が続くと、片づけとは関係のない仕事上のミスまで、「机の整理ができていないからだ」と考え始めます。片づけができていないのが諸悪の根源だと帰結するのです。

帰る時は寝ているものがない状態で

片づけについては身だしなみと異なり、上司は注意します。ただ、片づけない部下もなかなか手強いもの。注意しても、「忙しい」攻撃で反論してきます。「こう見えても整理はできています。自分はどこに何があるかすべて把握していますし、どんな書類もすぐに取り出せるようになっています」としゃあしゃあと言う部下もいました。強引に片づけさせると、今度は「大切な書類がなくなった」攻撃をしかけ、あたかも片づけさせた上司に非があるような言い方をする部下さえいました。管理職の多くはこんな経験をしているので、片づけに強い意識を持っているのです。

とはいえ、いくら自分の部下でも他人の机を片づけるのは抵抗があります。これが、仕事だったら「こっちでやるからよこせ」と言えるのですが、机の片づけはそうはいきません。そう考えると、**上司にとって部下の机の片づけはたまった仕事より始末が悪いもの。**手を出せないから口を出す、これしか方法がありません。

でも、二度三度と言うのはイヤです。上司の理想は机の上に何もない状態です。それが無理ならば、せめて寝ているものがない状態にしてほしいものです。「書類が積んである」「筆記用具が机の上に転がっている」「メモが机のあちらこちらに散らかっている」、これらは目につきます。**少なくとも帰る時、机の上のものは立たせるようにしましょう。**

片づけは、個人情報保護法対応などセキュリティ上の必要性や、主にメーカーで進められている5S活動（整理・整頓・清掃・清潔・躾）の観点からも、より重要視されるようになってきました。業務の一部と考え、優先度を上げて取り組みましょう。

memo

片づけが悪いと仕事まで疑われる。
机の上のものは、すべて立てて帰る。

no. 21

後輩の面倒を見てほしい

将来の自分のための後輩指導

上司が部下に後輩指導を期待する理由は単純です。自分の負担が減るからです。上司にとって、部下指導はとても負担の大きな仕事。それが自分の役目であることは理解しています。

でも、人が育つには時間がかかります。目の前の仕事に忙殺されているうちに、つい後回しになりがちなテーマなのです。

また、複数の部下を持つ上司からすると多勢に無勢。すべての部下に対し、きめ細かく指導はできないという物理的な事情もあります。

このような理由で、上司は「部下が後輩指導をしてくれる」ことを期待するのですが、部下の立場からするとそう簡単に「やります」とは言えないもの。「自分のことだけで精いっぱいなのに、後輩の面倒まで見るのはムリ。それに、部下指導は上司の仕事でしょう」と考えたとしても責められません。

ただ、**指導については、部下の立場のうちにやっておいたほうがよい**のも確かです。つまり、管理職になって最も苦労する、部下指導の予習をしておこうという意味です。管理職になる前の主任・係長のようなリーダー職でも、メンバーの指導をしなくてはなりません。その備えをしておきましょう。

はじめての部下指導は、まずうまくいきません。指導スキルは、業務のスキルとはまったく異なるものです。むしろ、仕事がデキる人ほど部下指導はヘタです。

仕事がデキる人は細かく教えてもらわなくても、自分の感覚で多くのことを身につけていきます。それは「こうすればうまくいく」という形式知ではなく、「自然にできるようになった」という暗黙知として保持されています。

暗黙知は説明が難しいものです。それが、うまく教えられないことにつながります。仕事がデキない後輩を見ても理由がわからず、「なぜ、こんな簡単なことができないのか」とイライラします。

一方、なかなか仕事を覚えられなかった人は、「ここが難しい」というつまずきポイントを数多く知っています。そのポイントを乗り越えるために、試行錯誤してきました。そういう経験があるため、「こうすればうまくいくんだよ」とわかりやすく説明できるのです。

いずれにせよ、指導は難しいものです。自分の指導スキルがどの程度のものなのか、やってみなくてはわかりません。上司が他の部下を指導しているのを見て、「だからダメなんだ。自分だったらこうするね」などと思っていてもなんにもなりません。やったことがなければ、部下や指導すべきメンバーを持った時に、立ち往生することになります。

先輩社員という気楽な位置づけのうちに試しに指導をしてみる。これは願ってもないチャンスです。非公式にアドバイスやフォローをしてあげてもいいでしょう。でも、せっかくならば公式な指導担当としてあたったほうが、得るものが大きいはずです。公式な役割としてあたれば、ポジションパワーを得ることができ、指導を進めやすくなります。それに、後輩が育てば「指導者として功績をあげた」と上司に認めてもらえます。

せっかくのチャンスなのですから、上司に「彼の面倒を見ましょうか」と提案してみてください。頼まれてやるよりも、手を挙げたほうが評価は高くなるものです。

後輩を自分と比べないことが大切

指導担当になったら、最初にやることは目標設定です。「6か月以内に、ひとりで見積書を作成できるようになる」などゴールが見えているほうが、指導者も、指導を受ける後輩も、見守る上司もやりやすいものです。

指導を進める上で、1つだけ注意してほしいことがあります。それは、**「後輩を自分と比べない」**ということです。

指導する際、「自分がどうやってきたか」は参考になりますが、それが後輩にフィットするとは限りません。経験、スキル、性格、すべて自分とは異なる相手です。

自分の経験だけをツールにしていたら、指導はすぐに行き詰まります。「どうしてわからないんだろう」「どうしてできないんだろう」「どうしてそう考えてしまうのか」というように、「どうして」が頭に浮かんだら、それは自分の指導が後輩にフィットしていないサインです。

そんな時は上司に相談してください。上司もあなたと経験や性格が異なる人です。ヒントが得られ、別の指導アプローチが見えてきます。

あなたを新たな高いステージに引き上げてくれる「後輩指導」というテーマ、取り組んでみてください。

memo

後輩指導は自分のために取り組むテーマ。頼まれる前に手を挙げ役割としてあたる。

no. 22

叱られ上手になってほしい

上司が気にする注意時の部下の反応

部下を叱れない、という上司が増えています。セミナーで問いかけると、7割の管理者は、「叱るのは苦手」と答えます。理由は、「嫌われたくない」「叱った後の気まずい感じがイヤ」「反発されると困る」「強く言ったら辞めてしまうのではないかと心配」というもの。なんとも弱気です。

そんな弱気モードの上司の心の中を追ってみましょう。多くの管理職が次のような経験をしています。

部下が作った、外部に出る書類にミスを見つけた。一度目は赤ペンで訂正し、

「ここだけ直しておいて」と告げて本人に戻す。

その際、特におとがめはなし。内心は「困るな。でも、たまたまだろうから」と自分に言い聞かせていた。

ところが、翌日、同じ部下が同様のミスをした。こうなると、いろいろ考える。

「ここはきちんと注意しなくては。でも、いまは自分も忙しいし、後でゆっくり時間をとって話そうか。いや、特に言わなくても次からは完璧にしてくれるかもしれない」

迷った末に注意することにして、部下を呼びこう言った。

「昨日と同じようなところで間違っているよ。気をつけてもらわないと」

部下は「すいません。直します」と目をそらしたまま早口で言って、席に戻ってしまった。

上司としては何かスッキリしない感じが残るものの、話はもう終わっている。自分の仕事もたまっており、次の仕事に着手する。

こうして1日が終わり、帰りの電車の中で何かモヤモヤしたものを抱えていることに気づく。しばらく考え、注意した時の部下の反応が引っかかっていたことを思い出す。

そして、再び考える。

「『すいません』って言ってたけど、口だけみたいな感じだったな。彼はいつもそうだ。この前もそうだったし、あの時も。ガツンとやってやるにはなんて言えばいいのだろう。いや、言ったところで直らないだろう。きっとまた同じことを繰り返すに決まっている。もうアイツはダメだ。異動でいなくなってくれないかな」

弱気モードだった上司がいつのまにか怨念モードに変わっています。ここまでエスカレートすることは少ないにしても、上司にとって注意した時の部下の反応は非常に気になるもの。聞き流された感じがするとスッキリしません。だからといって、重く受け止めればよいというものでもありません。

真摯に受け止めている姿勢を見せる

ある外食産業の店長から、こんな話を聞いたことがあります。

皿洗いをやっていた新人が、食器を投げるように扱っていたそうです。店長は彼を呼び、こう言いました。

「いまのようにすると食器も傷つくし、音がしてお客様も驚くだろう。1つひとつの仕事を丁寧にやりなさい。君はいいものを持っているのだから、そんなことではダメだよ」

相手の新人は大学時代、ラグビー部に所属していたバリバリの体育会系。その彼が話を聞いて泣き出したそうです。

「体育会系も叱れなくなったとは世も末ですよ。大臣も泣く時代ですから、しょうがないのですかね」と店長は嘆いていました。

いまや注意した後に、上司が清々しい感じになるような部下は稀有な存在です。上司の「叱られ上手になってほしい」という気持ちもわかります。

この要望に対し、どう応えればよいのでしょう。それは単純なことです。

「上司の注意を丁寧に聞き、太く短く反省し、指摘に対し礼を述べる」、それだけでよいのです。

上司は、真摯に受け止めて反省している様子が確認できれば納得します。指摘に対して礼を言われれば清々しい気持ちになり、伝わったと感じます。そうなれば、もう何も言うことはありません。部下からすると、結果的に注意が早く終わるというメリットもあります。

学校でも叱られることが少なくなり、注意された時の対応に慣れていない若い人が増えてきました。この傾向は今後ますます強まるでしょう。そんな時代だからこそ、**上司の注意を真摯に受け止められるという単純なことが望まれ、そのようにできる人が意外なほど評価されるのです。**

memo

注意は丁寧に聞き、太く短く反省。礼を述べて締める。

no. 23

一度で済むようにしてほしい

予測力がポイント

「同じことを二度言わせないでほしい」。上司がこんな思いをするケースは、2つに分けられます。1つは過去に出した指示について部下が再び聞いてくる場合、もう1つは一度注意したことを部下が改めずに繰り返す場合です。

どちらの場合も、上司には大きな徒労感が残ります。「この前、時間をとって話したのはなんだったんだ」「何度言ったらわかるのか」。わずか2回でも、そう思ってしまうのが上司です。

1つ目の、「過去に出した指示について部下が再び聞いてくる」ことについて、不満を持っているのは上司だけではありません。先輩も後輩に対し同様の不満を持っています。

日本経済新聞の「先輩社員に聞いた気になる新人の言動」というアンケート調査で、ワーストワンになったのが「メモを取らずに同じことを何度も聞く」でした。管理職でなくても、同じことを二度も言いたくないのです。

部下や新人が、そうしてしまうのはなぜでしょう。それは、後で再び聞かなくてはならない場面が来ることが予測できなかったからです。「一度きりの業務だと思った」というのは予測力が欠けていた証拠で、言い訳できません。

認識を高め、スキルを磨く

もう1つの「注意したことを改めずに繰り返す」ケースについては、認識の問題とスキルの問題に分けて考える必要があります。

まずは、認識について。上司から注意されたことについて、大して重要な問題ではないと考えれば、繰り返してしまいます。認識の違いが再発につながるということとです。

例えば、チームのミーティングに5分遅れ、上司から「遅い。待ってたんだぞ」と言われたとします。「5分ぐらいどうということはないだろう。始まるのが遅れることだってあるんだし」と思っていれば繰り返すでしょう。次に同じようなことがあれば、上司の不快感は一気に高まります。

一方のスキルの問題は、責められないものがあります。本人もよくわかっていながら、やってしまうことがあるのです。

私事で恐縮ですが、趣味でトランペットを習っています。そこそこ練習しているのですが、初心者の悲しさで曲の同じところを何度も間違えます。その部分は、私にとって難しい個所なのです。その個所が要注意であることは、十分に認識しています。でも、間違えてしまいます。これはスキルの問題です。

スキルの問題で部下が同じ失敗を繰り返した時、上司は「何度言ったらわかるんだ」と責めてもダメなのです。部下はわかっています。わかっていても間違ってしまうことに対しては、スキルを上げる指導をする必要があります。

ただし、上司の指導が悪いから自分が同じ失敗を繰り返すという開き直りは、格好の悪いもの。そんな言い訳は部下だってしたくありません。なんとか自分でスキルアップして失敗を回避する。これが答えです。

同じことを二度言わせないためには、再び聞く必要のある場面がやってくるか予測力を働かせ、上司と認識のズレがあるなら話し合い、スキルの問題ならばスキルアップで解決することが必要です。

これは、自分が後輩や部下を指導する時に、同じことを二度聞いてくる相手を矯正するためのヒントにもなります。

memo

予測力を働かせ、納得いかない場合は話し合う。腕前を上げてミスの再発を防ぎ、同じことは言わせない。

no.24

雑談にも加わってほしい

お昼休みはソーシャルスキルアップの場

管理者やリーダー、中堅社員に「あなたの職場に足りないものは何ですか?」と聞くと、どの層でも「コミュニケーションが足りない」と答える人が圧倒的に多いもの。コミュニケーション不足は、上司に限らずみんなが問題と感じています。

職場のコミュニケーションは、フォーマルなものとインフォーマルなものに分けられます。フォーマルなものは業務上の情報共有。代表的なものが報連相です。そちらは第1章で取り上げましたので、ここではインフォーマルなコミュニケーションを考えます。

誰もが日常的に参加するインフォーマル・コミュニケーションの代表が、昼休みの雑談です。かつての昼休みスタイルは、上司と部下たちが一緒に食事に行き、応援している野球チームが勝ったとか負けたとか、いわゆる世間話をするのが一般的でした。

しかし、いま時そんな職場は少ないもの。各自バラバラにコンビニで買ったサンドイッチや、テイクアウトの弁当を食べたりしています。そそくさと食事を終えると、若い社員は携帯メールのチェックをしたり、イヤホンを耳に入れて音楽を聴いたり、机に突っ伏して寝たりします。こうして職場から昼休みの会話が消えました。

そんな部下を見ていて、上司は「たまには雑談でもしようよ」と言いたくなります。上司にとって、昼休みは雑談するものだったからです。部下にとっては、好きに過ごしたい時間でしょう。「昼休みまで気を遣って会話をしたくない」と考えたとしても責められません。

ただ、私には少し気になることがあります。昼休みや休憩時間の雑談に参加しないことが、若い世代のコミュニケーション力低下につながってしまっているのではないでしょうか。

例えば、研修の昼休み。社内のいろいろな部署から来た人々が一緒に休憩します。

管理職の研修では、お互いの職場のことなどを話しています。

ところが、リーダー層や若手社員の研修では誰も話をせず、携帯を見ているか、寝ているかです。20人の人々が自由時間にシーンとしているのは、とても不思議な光景です。

それを見ている人事部門の方々は、「他部門の人と一緒になるのは貴重な機会なのだから、もっと交流してほしい」と残念がっています。そして、他者と関係を作る力が落ちているのではないかと心配しているのです。私も同じ心配をしています。


雑談を通じて他者との関係を作るのは、ソーシャルスキルというれっきとしたビジネススキルです。

ビジネスを拡大しようとすれば、新たに出会った人との関係作りはとても重要なポイントになります。そのソーシャルスキルを鍛える場として、最も身近なものは昼休みなどの職場の雑談です。自分の関心のない話題であっても、参加して周囲を楽しませ、何よりも自分が楽しむ。こんなことからソーシャルスキルは鍛えられるのです。

「昼休みは毎日、上司と雑談しろ」と言われると気が重いなら、週に1回というように絞って話しかけてみてはどうでしょう。共通の話題がない相手ほど、よいトレーニングになります。しかも、不足しがちな職場のコミュニケーションを、あなたの力で増やすことができるのです。

memo

職場の雑談はソーシャルスキル・トレーニング。自分も楽しめるのがスキルの証明。

no.25

上司の気持ちを察してほしい

小さなサービスが大きな感謝を呼ぶ

この本の「はじめに」にも記しましたが、管理職の願いを一言で言うと「上司の気持ちを察してほしい」ということに尽きます。ほとんどの管理職は、職場に自分のクローン人間を作りたいと考えています。

「自分と同等のスキルがあり、自分と同じ意識で判断でき、何も言わなくても、すべてあうんの呼吸で動いてくれる部下がいたら、どんなにいいだろう」

そうして、立場も性格も異なる部下に対し、気持ちを察するよう強要するのは上司の身勝手です。ただ、管理職は大変な役職であることも事実です。部下の皆さんには、少しだけサービスマインドを持ってもらいたいと思います。

上司は絶えずプレッシャーにさらされています。職場の目標を達成しなくてはなりません。上からおりてくる指示の中には、上司本人も「おかしい」と思うものがあります。それでも、やらなくてはなりません。やむなく部下におろすと、拒否反応が返ってきます。説得しようにも、自分もおかしいと思っているのですから説得力はありません。こういう時に、察してくれる部下がいるととても助かるのです。

また、上司にはクレームの最終責任者という重圧があります。すべての部下に目配りするのは大変なこと。ちょっと目を離したスキに、クレームなどの問題がモグラたたきゲームのようにあちこちで発生します。おまけにいまはプレイングマネジャーが多く、自分も厄介な案件を抱えて頭を悩ませています。そんな毎日だからこそ、少しでも察して動いてくれる部下はものすごくありがたいものです。

以前、私が一般社員だった頃、こんなことがありました。ある年の末、上司が電話をしていました。どうやら、お客さんの都合で遠方に急な出張をしなくてはならなくなったようです。

「とにかくうかがいます。12月25日中にそちらに行けるようにします。航空券はなんとか取ります」と話していました。

それを聞いていた女性の事務担当は、まだ上司の電話が続いているうちに航空会社にチケットの問い合わせを始めました。上司は目でお礼をしていました。そして受話器を置くやいなや、「ありがとう」と何度も事務担当に言いました。

側にいた私は、「スタンドプレーじゃないか。上司もこのぐらいで大喜びするなんて単純なものだ」と冷めた目で見ていました。

しかし、その後、管理職になり、このシーンを何度も思い出しました。そして、「自分にもあんな部下がいれば…」と考えたものです。

上司とはそんなもの。**ちょっとしたことで構いません。察して動くだけで、上司は大いに喜びます。**

memo

わずかのサービスマインドを持って少しでも察して動けば、大きな感謝になって返ってくる。

第3章

主体的な職業人として高く評価されるための「仕事力」

第3章のテーマは「仕事力」です。「仕事にのぞむ姿勢」「仕事の進め方」に関する13のテーマを取り上げます。

この中で数多く出てくるのが主体性に関する話。このキーワードは最近、赤丸急上昇中です。この本を書くにあたり、部下に期待することを管理職の皆さんに改めて聞いたところ、最も多かったのが主体性に関する意見でした。

ところが、この主体性、部下からすると「何を求められているのか、よくわからない」という実態があります。

主体性とは、自分の意思や判断で行動しようという態度です。他者から影響を受けて動くのではなく、自分から行動する攻めの姿勢と言えます。その反対が指示待ち族です。

上司は、部下が自分の意思や判断で行動することを求めています。私が社会に出てから30年が経とうとしていますが、この間、企業や上司が社員に求めるものは「協調性」と「主体性」の間を振り子のように行ったり来たりしていました。そして、いまの時代ははっきりと主体性に振れています。

本章では、主体性に関する項目を中心に仕事術的なことについて考えてみます。

no. 26

自分から手を挙げてほしい

誰も手を挙げない時代

最初に取り上げるテーマは、まさに「主体性」を求めるものです。指名されて担当するのではなく、自分から「私がやります」と名乗り出る。「誰か意見はないか？」と呼びかけられた時に、手を挙げて自分の意見を言う。あなたが上司から期待されているのはそういうことです。

その上司が若手の頃、自分から手を挙げていたのかというと、これは相当あやしいです。昔から、会議や研修で手を挙げる人は少数派。おそらく、上司も手を挙げていなかったでしょう。

自分がやってこなかったことを部下に求めるのは、上司になって呼びかけられる立場から呼びかける立場に変わったからです。誰も手を挙げないなら、こちらから指名するしかありません。

ところが、「君、担当してくれないか」と指名しても、素直に「ハイ」と言う部下は少なく、回避しようとする部下のほうが多いもの。了解しても、「仕方がないから」という表情を浮かべる者がいます。

「君の意見は？」と聞いても、「難しいですね」「特にありません」など、つれない答えが返ってくることもしばしば。指名してもよい結果が期待できないから、手を挙げてほしいのです。

でも、現実は誰も手を挙げてくれません。上司が若かった頃、全員ではありませんでしたが、誰かしらは挙げていました。よく手を挙げる人がいたので、周囲は助かっていました。いまや、そういうタイプの人は絶滅危惧種です。

「最近の若い人は自分から手を挙げない」

これは、上司や人事部門の人々がよく言うセリフですが、ホンネは「誰も手を挙げる人がいない」です。私が担当している研修の場でも同じことが起こっています。

講師を始めてから14年の間に、研修で手を挙げて意見を言う人は毎年減っていきました。そして、「KY」という言葉が流行し、空気を読むことが求められるようになった頃からは、誰も手を挙げないのがあたりまえになりました。

その他大勢から抜け出すシンプルな行動

そんな昨今ですから、私も「では、どなたかお答えいただけますか」と呼びかける際には、誰からも手が挙がらないことを想定し、指名する準備をしています。たいていは誰からも手が挙がらず、予定通り指名することになるのですが、ごくまれに挙手してくれる人がいます。すると、その方の印象がとても強く残ります。

客観的に振り返ると、手を挙げてくれただけで、難しい問題を見事に解いたわけではありません。でも、「勇気のある人だ」「研修に積極的だ」「ありがたい」など、相当なプラスの印象をその人に抱きます。

これは上司も経営者も同じです。**誰も手を挙げないいまの時代では、手を挙げるだけのことが高く評価されます。**それが存在感を増していくことにつながるのです。

存在感がないと、チャンスがもらいにくくなります。例えば、新規プロジェクトのメンバーを幹部が選考するような場合、「その他大勢」の中にいては、顔が浮かばず抜擢してもらえません。手を挙げるという単純な行動で、その他大勢から抜け出し、存在感を出していくことが、あなたのチャンスにつながっていくのです。

手を挙げない皆さんに理由を聞いてみると、特別な考えはないようです。突出することを避ける傾向はあるようですが、どちらかというと手を挙げる習慣がない、挙げないのが普通という感覚になっているという声が多いです。

「自分は手を挙げない」という確固たるポリシーがあるならともかく、なんとなくそうしているだけなら、時には手を挙げてみてはどうでしょう。

最初は、さほど負担にならないケースを選べばよいと思います。例えば、「誰かオレの代わりに明日の事務連絡会議に出てくれないか」という程度の話なら、「私でよければ出ましょうか」と言ってみたらどうですか。それだけのことが相当印象に残り、自分の存在感を増すことにつながります。

いつか手を挙げよう、そのうち挙げようと思っているとなかなかできません。明日、挙げてみてください。

memo

手を挙げて、
負担にならない仕事を引き受け、印象づける。

no.

27

主役は自分だと考え、先頭に立って周囲を引っ張ってほしい

増える参謀志向と職人志向

「先頭に立て」「周囲を引っ張れ」「リーダーシップを発揮せよ」というのは、上司がよく口にする言葉です。多くの上司は、部下が先頭に立って周囲を引っ張る姿を見たがっています。そういう姿を見ると、「頼もしい」「そろそろ昇進も考えなくては」と思うものです。

しかし、部下はなかなかそういうことをしません。理由は2つに分かれます。

1つは参謀志向。もともと前に出るのは苦手で、二番手として企画や戦略を練るほうが好きというものです。ただ、諸葛孔明のような参謀は会社にひとりいれば十

分です。1つしかない椅子に対し大勢の希望者がいる、とても狭き門です。参謀志向の人はそれがわかっているのでしょうか。

一方で、先頭に立って引っ張るリーダーは、職場ごとに求められています。こちらのほうがよほどニーズがあってなるのも簡単なのに、希望者はとても少ない。これが現状です。

先頭に立って引っ張ろうとしないもう1つの理由は、職人志向です。実は、私自身もそのタイプでした。部下時代の人事考課では、いつもリーダーシップの点が低く、関連して折衝力にも低い点がついていました。

求められているのはわかっていましたが、ハラの中では「自分でやったほうが早いし、結果もよいのだからひとりでやりますよ。結果を出せば文句ないでしょ」と思っていました。

その後、職人志向であったにも関わらず管理職になってしまい、リーダーシップ不足に悩むことになります。なんとも皮肉なものです。そんな私ですから、上司になってもあまり部下に先頭に立って引っ張る意味でのリーダーシップは求めませんでした。

リーダーシップの真の意味

管理職になった私は、「引っ張れ」とは言わなかったものの、よりよい成果をあげるために他者の力を活用することは大いに勧めました。先頭に立って引っ張るのもよいですが、方法はそれだけではありません。ペコペコと頭を下げて頼んでまわろうが、メンバーを後ろから押していこうが、陰で糸を引こうが、成果をあげるためですから、方法はなんでもよいという考えです。

リーダーシップの真の意味は、ある目標の達成に向けて発揮される影響力です。

そう考えると、管理職になる人だけでなく、参謀であれ職人であれ、ビジネスを進める上で仕事の目標達成に向け、他者に影響力を発揮することは必須です。いずれにしても、リーダーシップは求められます。

整理すると、「リーダーシップは必要。ただし、先頭に立って引っ張ることだけがリーダーシップではない」ということです。

ここで気をつけなければいけないのは、そう考えている上司は少ないという事実です。また理屈がどうあれ、**上司は先頭に立って周囲を引っ張る姿を見せてほしいと願っています。時には、会社や上司にそういう姿を見せるのも仕事のうちと割り切るしかない**と思います。

その上で、狭き門と承知しながら参謀を目指すのも、職人としてプロフェッショナルを目指すのもアリですし、自分にマッチした影響力の発揮スタイルを確立して職場リーダーを目指す道もある、ということです。

memo

先頭に立って引っ張る姿を見せるのは仕事と割り切る。目指すのは、真の影響力獲得。

no.
28
実績をあげてほしい

すべての上司に共通する都合のよい願い

上司は、都合のよいことを考えるという話は何度も出てきました。そして、その最たるものが実績をあげてほしいという願いです。

自分は何もしなくても部下が実績をあげてくれる。上司にとって、こんな楽なことはありません。私はそのためならグチも聞きますし、コピーもとります。お子さんが病気ならば、保育園の迎えだってやります。そのぐらい、実績をあげてくれることはありがたいものです。

管理職の絶対的な使命は、実績をあげ続けることです。営業部門なら売上を増やす、開発部門ならば売れる新製品を作る、製造部門なら高品質・短納期・低コストの実現、間接部門ならば経費削減。これらの実績を、継続的に生み出すことが管理職のミッションであり、部下にもそれを要求します。

部下の立場からすれば、納得できないことも多いでしょう。実績と言われても、営業部門のように、はっきりと数字に表れる仕事ばかりではありません。

総務・経理などの間接部門の人は山ほどの庶務に囲まれて、必死にこなしても誰もほめてくれず、些細なミスで叱責されるような、数字に表れにくい仕事をしています。

開発部門では、売れれば営業の手柄、売れないと「製品が悪い」と責められるというアンフェアな評価に直面することがあります。

製造部門は、コストを下げて品質を上げるという矛盾した方程式を解かなくてはなりません。その上、いつも納期は超タイトです。

このように、仕事の性質上、単純に「実績をあげろ」と言われても困る人々が数多くいます。「実績をあげてほしい」と願う上司と会社、素直に「ハイ」と言えない部下。この問題は平行線です。

流した汗の量と評価は無関係

部下として、実績に対し、どう向き合ったらよいのでしょうか。残念ながら、どんな仕事でも実績をあげなくてはならないのがビジネスです。しかも、それは次のように経営者から見てわかりやすいものである必要があります。

会社に急な監査が入ることになったとします。準備のために、経理部門の担当者が3日徹夜しました。そのことを社長が聞いたとしても、「ご苦労だったね」とじか言わないでしょう。決して「よくやった」とは言いません。

同じ担当者が経理伝票類の印刷について、複数の業者に分けて発注していたものを一本化したとします。その際に相見積もりを取り、1割コストを下げました。他の仕事の合間にやった程度のことです。それでも、経営者からすれば「よくやった」です。

本人としては、死ぬ思いでやった3日の徹夜を高く評価してもらいたいのにそちらは評価されず、合間にやったほうが評価されるというのは理不尽に思うでしょう。

でも、流した汗の量と評価は無関係です。

経営者から見てわかりやすいのは、単純な数字で表せる新たに生み出した価値です。経営者にとってわかりやすい実績は、管理職としてもありがたいもの。会議で、社長向けに成果として報告できるネタを作ってくれた部下を高く評価します。

部下としては、経営者から見てわかりやすい成果をあげる仕事に携わる必要があるのです。それは、会社というジャングルで行われるサバイバルゲームに必須のアクションです。

あなたのいまの仕事は、経営者から見てわかりやすい成果を出せるものですか？

そう言えるなら、様々な制約を乗り越えて実績をあげるしかありません。

もし、**いまの仕事の成果を流した汗の量でしかアピールできない状況ならば、リスクの中にいるということです。**担当業務をこなしながら、経営者から見てわかりやすい実績をあげられる仕事を新たに手がける必要があります

どうしても、いまの担当業務で成果をアピールするのが難しいならば、別の業務に移ることまで視野に入れたほうがいいでしょう。そうしなければ、生き残れない可能性があるのですから。

「実績をあげてほしい」という上司のリクエストは、そのぐらい重いものなのです。

memo

単純な数字で表せる実績をあげる。わかりやすい実績をあげられる仕事を作る。

no.

29

できない理由より、どうすればできるか考えてほしい

困難な状況から生まれる不毛なバトル

上司が部下に難しい案件を依頼すると、部下はできない理由ばかり並べて受けようとしないことがあります。

また、問題発生時に上司が解決策を提案しても、部下はそれが無理であることを述べるだけで、代替案を提示しないこともあります。

このような場面に直面すると、上司は「もうそんな話はたくさん。どうすればできるのかを考えてほしい」と心の中でつぶやきます。

でも、部下の側にも言い分があります。難しい案件については、「無理な案件を

押しつけられたら苦しむのは自分。現状でもう手一杯なのに、さらに厄介ごとに関わることはできない」という事情があります。

また、解決策については「上司が提案する策は現状を無視したもので、納得できない。自分としては打てる手はすべて打ったから、もう諦めてもらうしかない」ということもあります。

こうなると、上司と部下の不毛なバトルです。解決には双方の歩み寄りが必要です。

カギは交渉力の強化

まずは、上司から見ていきましょう。上司は難しい案件を依頼する際に、もっとその案件の意義やメリット、難度に応じた評価、リスクや負荷の分担について丁寧に説明し、部下の納得を得る必要があります。ほかにもすべきことはいろいろありますが、本書は上司向けではないのでこのぐらいにしておきます。

次に、部下側の歩み寄りポイントを考えましょう。いつも難しい案件を拒否し、上司からの提案を否定していると、ネガティブな部下というレッテルを貼られてしまいます。それは避けたいところ。

また、**難しい案件や困難な問題に対して、即座に否定モードに入ってしまうことを繰り返すと、解決策を考える頭の筋肉が衰えます。**これは、自分としても困るはずです。

そこで対策です。難しい案件や上司の解決策に対して、すぐに反論せず「少し考えさせてください」と一度引き取ればよいのです。この場合の少しはせいぜい1日です。あまり間を空けると放置しているように見えてしまいますし、それだけあればある程度対応は考えられるはずです。

そして、答えはいつもYESです。イエスマンになれ、と言っているわけではありません。こちらもリスク対策は必要です。そのために条件をつけます。難しい案件ならば、「こういうことでよければできます」と答えます。もし、自身の判断で「これは危険だ」と思ったら、その条件をつり上げる。これは立派な交渉です。

問題解決ならば上司の提案を尊重し、「基本的にそれでいこうと思います。ただし、ここだけは…」というように自分の意向を条件として表明します。あまりにも上司案に無理があるなら、「いただいたお話をヒントにして、こう考えました」と代替案を提示すればよいでしょう。

こういう交渉は、顧客や他部門との間でもついてまわります。これができないということは、交渉を伴う重要なプロジェクトができないことになります。そんなビジネスパーソンにはなりたくはないでしょう。

直感的に湧き上がるできない理由を一度封じ込めて引き取る。答えはＹＥＳでありながら、リスク対策もしっかりしておき、場合によっては上司自ら発注を引っ込めさせるよう仕向ける。このように交渉力を強化して対処しましょう。

memo

難しい案件や問題解決にあたる時、答えはいつもＹＥＳ。リスク回避には条件をつける。

no.30

すぐに着手してほしい

「すぐやらない」客観的な理由を考えよう

上司から指示されたことに、すぐ着手していますか？　私自身は、指示されたことを上司の目の前ですぐに着手するのは抵抗があり、しばらく置いてからやっていました。すぐに動かない私を見た上司から「すぐにやってくれ！」とイラ立ち交じりに言われたこともあります。

いま客観的に振り返ると、大半はすぐにやってもよいことでした。例えば、「上司を顧客のところへ連れて行くための日程調整をする」といった単純なタスクがありました。上司から、「同行の件だけど、木曜か金曜ならＯＫ。どちらかでアポ取って」と依頼されました。上司としては、他の案件で日程が埋まらないうちに、早く確定させたい状況です。それでも、私はすぐに電話しません。

「いまやっている仕事の手を止めたくなかった」「言われてすぐ動くのは、上司のロボットになったようでイヤだった」「言われた目の前でやるのは、『やっていますよ』とアピールするようで気が進まなかった」「すぐに電話すると、顧客との会話を上司に観察されるような気がして避けたかった」など理由はいくつかありましたが、いずれも大したものではありません。

そんな私も上司になると、「部下がすぐにやらないのを見てイライラする」ようになります。なんとも勝手なものです。

上司は、なぜすぐにやってほしいのでしょうか？　最も多いのは、もともとせっかちで、何事もすぐに進まないと気が済まないからという理由です。ただ、気の長い上司でも、仕事はすぐにやってほしがります。気の短さとは関係なく、**上司は「どうなったのか？」と気にする時間は短いほうがよいと考えるのです。**

もっと単純な話として、上司自身がそのことを忘れないうちに、決着をつけたいということもあります。というわけで、この話の結論は「できることはすぐにやりましょう」ということです（私自身が部下時代にそうしなかったので、あまり強くは言えませんが）。

もし、あなたが以前の私と同じように、すぐやることに抵抗があるなら、一度その理由を客観的に考えてみてください。そして、その理由が以前の私と同じだったら、それは考えすぎです。

まずは、上司のスケジュールに関わるようなことだけでもよいと思います。すぐにやったところで部下側にデメリットはありません。特に、気の短い上司の下で仕事をしている方は、すぐやらないことが最も大きな不満の材料になることに気をつけてください。

memo

すぐやることにデメリットはない。
やらずに不満に思われることと天秤にかけ、すぐ着手する。

no. 31

段取りよく計画性を持って仕事を進めてほしい

いつもバタバタしている人の行動とは

「段取り八分」という言葉を聞いたことがありますか？　結果は事前の計画と準備で8割決まってしまうという意味です。同じような言葉に、「先手間半分、後手間3倍」というものもあります。

上司が部下に対し「もっと段取りよくやってほしい」と思うのは、部下が妙にバタバタとしている時です。**いつもすごく忙しい人の様子をよく見ると、実は頑張っているのではなく、事前にわかるはずのことに手を打たず、3倍かかる後手間に忙殺されていることがあります。**

いつも忙しい人の行動を、身近なシーンで例えるとこういうことです。

友達が2人遊びに来るので、カレーライスを作ってあげようと思った。30分ぐらいあればできるだろうと考え、テレビを見て過ごす。ふと、時計を見ると、友達が来る20分前。急いで肉と野菜を切って炒めて水を足したところで、カレールウが全然足りないことに気づき、慌てて買いに行く。

走って汗だくで家に戻ると、ドアの前に友達がひとり立っていた。ひたすら詫びて家に入れた。そうして、買ってきたカレールウを鍋に入れると、コメを炊き忘れていたことに気づく。

急いで炊こうとすると、今度はコメが足りない。家に向かっているもうひとりの友人の携帯に電話をかけ、近くのコンビニでコメを買ってきてくれるように頼み込む。

近所の地理に疎い友達に「そこを右、そこを左。いまどこにいる？　おかしいな。違った右だ」と大声で説明する。

ドタバタの末に、カレーライスができあがる。散々待たされ、巻き込まれた友達の前にいるのは、反省どころかやり遂げた感で満足げな当の本人。

段取りの悪い部下の行動はこういうものです。本人もバタバタしますし、周りの人を巻き込んでいつも大騒ぎ。「もう少し段取りよくやってくれ」と言いたくもなります。あなたの側にもこんな人がいませんか？

短期的にはすぐやる、長期的にはイメージする

「計画性を持って、仕事を進めてほしい」という上司のセリフもよく聞きます。計画性のない部下が納期遅れを起こした時の言い訳は、「急なクレームで」というのが定番。

でも、振り返ってみると納期的にも余裕があったはずの仕事です。1か月前から、納期は今日とわかっていたのも事実。ギリギリになってやろうとするから、遅くなるのです。納期遅れの真因は、「急なクレーム」ではなく「1か月放置していたこと」です。こういう部下も、職場の困った人になってしまいます。

段取りや計画に問題がある人に共通して言えるのは、「見通しが甘く準備不足」であることです。私もいろいろ指導してきましたが、このタイプの部下の改善指導

は困難です。

例えば、計画書を作って共有することで相互チェックしようとしました。しかし、提出された計画書は杜撰《ずさん》なもので、内容はスカスカの作文でした。

また、もっとハードルを下げて、やらなくてはならないことを納期も含めて箇条書きにさせました。でも、肝心の紙をなくしてしまいました。

最も効果的だった対策は、前項にあった「すぐやってもらう」ことでした。このタイプの部下は直感と行動の人です。行動力はあるので、すぐやるのは得意。

結局、段取りも計画も上達しませんでしたが、周囲に迷惑をかけたり、納期に遅れることはなくなり、私もチームメンバーも助かりました。

もし、あなたがいつもバタバタしていて、「しまった…」と思うことが多いタイプなら、当面はすぐやってしまうのがよい方法です。友人にカレーを食べさせようと思ったら、その瞬間に作り始めるように、**早く始めれば何が足りないか早くわかります。**足りないものが発覚しても、納期までにまだ十分な時間があります。苦手な「事前に」や「頭の中で考える」ことより、単純で効果的な解決策です。

ただ、将来チームリーダーになると、大勢の人と大きなお金を動かすことになります。そうなると、段取りと計画ができないことは命取りになります。ですから、本質的な課題である段取りと計画にも、いまから並行して取り組んでほしいと思います。

ヒントは「イメージする」ことです。カレー作りなら、自分がカレーを作り始めてから皿に盛って出すまでの姿を思い浮かべます。頭の中でミニドラマを上映することで、足りないものが見えてきます。これは30秒あればできることです。将来に向け、いまから段取りと計画力のアップに取り組んでください。

memo

当面は、早く着手することで対応する。
本質的には、イメージの力を使い、段取りと計画の力を上げる。

no. 32

他部署まで巻き込んで仕事を進めてほしい

自己ベスト更新のために必要なこと

上司から見て、部下が自分の力量の範囲で仕事をこぢんまりとまとめたり、諦めたりしてしまうのは歯がゆいものです。**自分の力を上回るような仕事を、部門を超え、人々を巻き込みながら進めていくことを部下に期待します。**

ところが、部下の皆さんはなかなかそういうアクションを起こしません。仕事が多いのに時間は少ない、残業規制までかかっているこのご時世では、1つの案件にそうそう手間をかけられないという事情があります。

ある大手自動車メーカーの30代の設計者から、こんな話を聞きました。

「新しいものを作ろうとすれば、技術的な壁にぶちあたります。そんな時、以前だったら社内のエンジンに詳しい人に相談するなど、他部署の専門家を巻き込んできました。議論しながら協力体制を作り、不可能を可能にしてきたのです。そういう活動は、お互い昼の仕事が落ち着いた夜の時間帯に行われました。でも、いまはそれが難しくなっています。私も残業規制の対象で、遅くとも18時30分には会社を出なければなりません。しかも、納期はタイトです。仕方なく、過去の製品の技術を流用して済ませてしまうことが多くなりました…」

こうして、納期優先、効率重視の無難な仕事ぶりというワークスタイルになっていく人が増えています。

部門を超える仕事ぶりが減っている理由は他にもあります。以前に比べ、部門をまたぐ人事異動が減りました。その結果、他部門の人も仕事もよく知らない社員が増え、部門の壁が高くなったのです。

このように仕方がない事情はありますが、それでも読者の皆様には部門の壁を超え、人々を巻き込む仕事に取り組んでほしいと思います。それが自分のためになるからです。自己ベストを更新するアウトプットを出せますし、成長につながる経験もできます。また、仕事を通じて真の人脈が育っていきます。

時間的制約に加え、組織風土の壁など、他部署の人々を巻き込むことは容易ではありません。すべての案件について、巻き込めと言われてもそれはムリな話。

だから、**半期に1つか2つと絞って部門の壁を超えて人々を巻き込み、自分の力以上の成果を出すような仕事に取り組んではどうでしょう。**

まずは、「相談があるのですが」と持ちかけるところからやってみてください。

memo

半期に1つ、部門の壁を超えて人を巻き込む仕事をしてみる。巻き込むには「相談があるのですが」という言葉から。

no.
33

残業を少なくしてほしい

上司も答えを知らない問題

前項にも出てきましたが、残業規制をする会社が多くなりました。部下の側からすれば、仕事が減らないどころか増えている中で、「残業を減らせ」「残業するな」と言われるのは理不尽に感じるでしょう。

でも、これについては上司も苦労しています。上司のホンネは、「仕事優先だから少々の残業は仕方ない」「部下の残業を抑制すれば自分の負担が増える」というもの。会社から要請されているので、やむなく抑制の姿勢を打ち出しているのです。

さらに困ったことに、上司は「どうすれば残業せずに成果を出せるのか?」という問いに対する答えを持っていません。なぜなら、残業や休日出勤の多い長時間労働のスタイルでずっとやってきたからです。

こういう状況ですから、短い労働時間の中で成果を出す方法は、部下の側が考えなくてはなりません。そのヒントは、タイムマネジメントの考え方の中で、「スキマ時間の活用」「集中力を高める」「早朝出勤の勧め」として示されています。ただ、これは既にご存知の方も多いでしょうから、ここでは少し観点を変えます。

私の知人で、タイムマネジメントを専門にしているコンサルタントの松山真之助さんは、**「仕事のやり直し」「メール」「会議」の3つを時間ドロボーとして挙げ、これらを改善すれば時間が有効に使える**と言っています。このうち、部下の皆さんがコントロールしにくい「会議」を除く、「仕事のやり直し」と「メール」について対策をご紹介します。

すぐにできる2つの時間有効活用法

「仕事のやり直し」を防ぐ方法として、松山さんはプロジェクトシートの作成を勧めています。プロジェクトシートといっても、形式ばったものではありません。仕事の依頼を受ける際、Ａ４用紙１枚に手書きで記すラフな完成予想図です。

例えば、上司からクレームの傾向と対策をレポートにまとめるよう依頼されたとします。机に戻ったら、Ａ４用紙に十字の線を引いて4等分にします。そして、手書きで「クレームの状況の棒グラフ」「原因の円グラフ」「対策の箇条書き」「対策のスケジュール」のラフスケッチを書きます。

この時、グラフ類に数字を入れる必要はなく、あくまでイメージイラストです。文字を記入する代わりに、「〇〇〇」と書いておくだけで構いません。短時間で作ってしまうのがポイントです。作成時間は、仕事を受けてから15分以内を目安としてください。

作成したプロジェクトシートを上司に見せ、「こんな感じでまとめればいいですか?」と確認しておきます。「そう、これをやってくれ」と言わせることができたら、仕事の8割は終わり。上司の考えが異なるならその時点で軌道修正し、無駄な作業を未然に防止します。完成後、上司に思いつきで追加・変更を指示された場合、シートを見せて「これでいい、というお話でしたよね」と言えば、新たな作業も抑制できます。

このようにして仕事のやり直しを防ぎます。私もクライアントに企画書を提出する際にやってみましたが、効果は絶大でスムーズに通りました。修正と再提出が不要になり、1つの案件にかかる時間が短くなったのです。

また、企画書を作る際も迷うことがなく、作成時間も短縮できました。

次に「メール」について。松山氏は能率が上がる時間帯にどうでもよいメールを書かないことを勧めています。例えば、多くのビジネスパーソンが、最も集中できる時間帯として挙げるのが午前11時頃。頭の冴えているこの時間帯に、重要案件のプランニングや問題に対する解決策の立案など大切な仕事をやっておきたいところです。

しかし、さほど重要でないメールに返信しているうちに昼になってしまうということがよくあります（私にはよくありました）。これはもったいない話です。午前11時に限らず、自分が集中しやすい時間帯にメールをしないというのは、シンプルですが有効な方法です。

残業せずに成果をあげる働き方について、まずはこんなところからやってみては

どうでしょう。上司は、答えを持っていません。こちらで工夫するしかないのです
から。

memo

短い時間で成果をあげる方法を工夫する。
仕事を受ける際は、15分以内に完成予想図を作る。
最も集中できる時間帯はメールをしない。

no.34

ただ伝えるだけでなく、自分の意見を加えてほしい

右から左へ受け流す仕事術はやめよう

「君はどう思うのか?」と、上司が聞きたくなることが増えているそうです。「こうなりました」「お客様がこう言っています」「問題になっています」と伝えるだけで、「自分はこう考えます」という意見がない。「どうしましょうか?」と尋ねるばかりで、自分なりの解決策を提示しない。こんな部下が増えているというボヤキをよく聞きます。この章でよく出ている、主体性の不足を嘆いているわけです。

部下の中には、顧客から来たクレームのメールに「お疲れ様です。以下、ご検討お願いします」という一行を加えただけで、上司に転送する者もいると聞きました。

さすがにそれは特殊なケースだろうと思い、他のマネジャーに聞いてみたら「普通にいますよ」と言われました。

この背景には、仕事の線引き感があるようです。「自分の仕事はここまで。後は上司の仕事」という具合に線を引く。これは上司からすれば、寂しい話です。読者の皆様は、そんな部下ではないでしょう。

ただ、「自分の意見を加えてほしい」という上司の願いに関して、一度、自分の仕事ぶりを振り返ってみてください。これまで業務完了の報告をした時に、「次の一手」を提示してきましたか？　いつも「〜でした。以上です」で終わっていませんか？

仕事とは、仕掛け付きのドミノ倒しのようなもの。1つの仕事の終わりは、次のドミノを倒すことにつながる。これが連続し、あるポイントで大きな仕掛けを動かす起動力になる。これが永遠に続くのが仕事であると私は思っています。

そして、次のドミノを倒すことにあたるのが、次なる一手を考え提示すること。報告して終わりというスタイルは、ドミノを1つ倒して撤収するだけの仕事ぶりで、その先にある大きな仕掛けを不発にするものです。

ご自分の仕事ぶりはいかがでしょう。仕掛け付きのドミノ倒しになっていますか？　なっていなかったら、やるべきは報告に次の一手を加えることです。

例えば、クレーム対応が終了した時、報告とともに自分なりの再発防止策を提示する。依頼されたデータ集計の結果を提出する時、気になる数字について推定できる原因と対策を述べるなど、日常の業務の中でできることがあります。これをする人、しない人の間には大きな差がついていきます。

なお、このように意見を加える場合の言い方については、「02．事実を言ってほしい」（19ページ）も参考にしてください。

もう1つ、日常の仕事ぶりを振り返ってみてください。上司に相談する時、「どうしましょうか？」だけで終わっていませんか。もし、それだけで終わっていたら、単なる丸投げです。先の極端な例、クレームメールに「以下、ご検討お願いします」の一行だけ加えて転送で済ませている人と、やっていることは同じなのです。「どうしましょうか？」と言い続けられると、上司はいつも重い荷物を背負わされているような感覚に陥ります。

相談する時は、「こうしようと思うのですが、どうでしょう？」と話しましょう。

自分の案は画期的なものでなくてもよいのです。どんなものであっても、上司が考えるためのヒントになるのですから。

日常の報告や相談は、主体性を試される場面です。自分の意見を加えて、アピールしていきましょう。

memo

報告には次の一手を加える。
相談は自分案を持って行く。

no. 35

案は3つ持ってきてほしい

投資と回収のバランスから考える3つのプラン

前項で「自分の意見を加える」ことを挙げましたが、これをもう一段高いレベルで求める上司もいます。

仕事でご一緒した、中小企業のオーナー社長が次のようなことを言っていました。

「社員には、いつも松・竹・梅の3つの案を持ってくるように指示している。『やるか、やらないか』では選択の幅が少ない。A案・B案を持ってくる社員のほうがいい。ただ、A案・B案だけでは『他に選択肢はないのか?』という疑問が残る。最も気が利いているのは、松・竹・梅の3つの案を持ってくる社員だ。役員でもそれがわからない者もいれば、若手社員でもしっかりした3案を持って来る者もいる。そういう若手は必ず伸びる」

この会社は、公的機関から優良企業と認定されています。そのような会社の創業者が言うことですから、説得力があります。

社長さんの言う松・竹・梅とは、単に3つの案を持ってくることを指しているのではありません。要求している3案の性格は、次のようなものです。

松……最も大きな投資が必要だが、大きな効果も期待できるハイリスク・ハイリターン型のプラン。

竹……中程度の投資が必要で、効果もある程度期待できるミドルリスク・ミドルリターン型のプラン。

梅……投資は少ないが、期待効果も限定的なローリスク・ローリターン型のプラン。

このように、投資と期待効果のバランスで案を作ることを求めています。

ここで言う「投資」は金銭的コスト(カネ)だけでなく、ヒト、モノ、情報、時間というすべての経営資源の投入を指しています。経営的な視点で3案を作ることが要求されるわけです。

また、最初から捨て案とわかるものを加えた3案ではなく、選択可能な3案になっている必要もあります。

上の役職に行くほど、意思決定しなければならない案件が増えていきます。そして、最も上のポジションである経営者の仕事の大半は意思決定です。その意思決定をしやすくするためのサービスが、松・竹・梅の3案を出すことなのです。

ここまでの話は経営者だけでなく、管理職に対しても有効です。日々、意思決定をしなくてはならない立場の人間にとって、意思決定しやすい案を持ってきてくれる部下はありがたいものです。

松・竹・梅で案を出すことは、部下側にもメリットがあります。それは、上司が短時間で判断してくれるということです。

選択可能な3案を出せば、判断の保留、案の却下、案の出し直しというリスクを回避することができます。

早速、次回の提案から3つの案に取り組んでみてください。それが経営者、上司に認められる一歩目になります。

そして、プランの質をどんどん高めていきましょう。

memo

経営的な視点で投資と回収のバランスを考え、選択可能な松・竹・梅の３案を作り提出する。

no. 36

レスポンスよく答えてほしい

即答が苦手な部下の増加

この10年ほどの間に、ビジネスパーソンのタイプ分布はずいぶんと変わりました。私が研修の中で取ってきたデータにもはっきりと表れています。

10年前は指示型の「推進タイプ」が1割、直感と行動の「表出タイプ」が3割、協調志向の「友好タイプ」が3割、考える人の「分析タイプ」が3割という分布でした。

いまは、どうなったかというと、「推進タイプ」は1割弱、「表出タイプ」も1割程度、「友好タイプ」はそのまま3割で、**「分析タイプ」が5割以上に激増していま**

す（これらのタイプはソーシャルスタイルをもとにして分けていますので、それぞれの詳細が知りたい方は、「ソーシャルスタイル」というキーワードで検索してみてください）。

ここでは、50％以上の確率で存在する分析型の人に注目して話を進めます。ご自分が分析型かどうかは、ディスカッションのシーンを振り返ればわかります。話の口火を切る方、はじめに意見を言う方は分析型ではありません。他者の話を聞きながら徐々に自分の意見を固め、終盤になって話し始める方は分析型の可能性があります。また、細かいことが気になるのが特徴です。

この分析型が苦手としているのが、即答というアクション。何しろ、このタイプは考えるのに時間がかかります。例えば、分析型の部下は上司に問いかけられても即答できません。しばらく黙ったり、「難しいですね」と言いつつ時間を稼いだり、前置きの話をしながら考えようとします。

こんなタイプが増えているのですから、上司がやきもきするのもわかります。上司は即答をほしがるもの。分析型の部下が増えた結果、「もっとレスポンスよく答えてほしい」という要求も増えたのです。

分析型部下のための体質改善法

分析型の人にとって、即答できないことは意識や能力の問題というより、体質に近いものです。レスポンスよく答えようと思っても、答えが出てきません。

もし、あなたが分析型の人だとしたら、これまでずいぶん損をしてきたはずです。「レスポンスが悪い」「行動力がない」「理屈っぽい」などと言われたことでしょう。

また、意見を言おうと思っても、コメントを考えているうちに話題が変わって言いそびれてしまいます。そのように何も言えないでいると、他人は「自分の意見を言わない」「何を考えているかわからない」と責めます。私自身が分析型ですから、その苦労はよく理解できます。

分析型の人は損をしてきましたし、今後も損をし続けます。しかし、体質だから仕方がないと諦めてはいけません。時間はかかりますが、体質改善は可能です。単純な処方箋は、相手の問いかけた言葉を繰り返し、「一言」から話し始めることです。

いままで考える時間を確保するためにいろいろとしてきたわけですが、これが上司の不満につながっています。上司は黙っていれば「なぜ黙っているのか？」と不安になりますし、難しいと言われれば「ネガティブな姿勢だ」と感じ、前置きの話を続ければ「話が長い」とイライラします。

でも、考える時間は必要です。その時間を稼ぐために、相手の問いかけを繰り返すのです。それは自然な発言で、上司が不満を感じることもありません。

一言から話し始めるのは、相手が聞きたいことを早く言うという意味があります。例を挙げると、「報告書はいつできるのか？」と聞かれたら、「出張報告書の納期ですね」と問いを繰り返しながら頭の中で予定を考え、「今週中です」というように一言で答えます。

分析型の人は、つい長々と「いまお客さんから頼まれた見積もりをやっていまして、それがどのくらいかかるかわからないのですが、たぶん今週中には…」とやってしまいがちです。これを、前述のように一言に変えていきます。

また、「イエス」「ノー」も最初に言ったほうがよい一言です。**「できるか？」と聞かれたら、話し始めは「イエス」か「ノー」しかありません。**

「一言から始める」をやってみてください。繰り返しになりますが、分析型の方は知らないうちに損をしています。レスポンスよく答えてほしいという要望は、今後ますます強くなります。いまから体質改善を始めましょう。

memo

相手の問いを繰り返し、考える時間を稼ぐ。話し始めは、一言で。

no. 37

きちんとした文章を書いてほしい

上司の指導不足が招いた文章力の低下

仕事に使うフォーマルな文章を書く力が落ちているという懸念は、多くの企業の管理職が言っています。私も長らくビジネス小論文の採点をしてきて、同じように感じています。

小論文の採点基準は、①テーマに対する内容の妥当性、②構成の適切さ、③文章表現の適切さの3つです。採点結果は3つとも下がり続けており、**文章の「内容」「構成」「表現」のレベルが低下し続けている**ことがわかります。具体的には、「内容に多くを盛り込みすぎている」「結論が最後まで見えない」「誤字脱字が多い」

「文体が統一されていない」といったものが目立ちます。

小論文が上手に書けないことは、本人にとって大きな問題です。管理職登用試験には、必ずと言ってよいほど小論文があるからです。これがきちんと書けなければ、昇進試験で不利になります。

文章力が下がってしまった一番の原因は、上司の指導不足です。以前は書類を上司に渡すと、紙が真っ赤になるほど赤ペンで直され、部下は修正と再提出を繰り返す中で文章力を上げてきました。

しかし、いまの上司は忙しい上に納期はよりタイトになったため、多少問題がある文章でも自分で直して次工程に通してしまいます。部下にしてみれば、文章トレーニングの場がなくなってしまったわけです。自分の文章力は自分で上げていくしかないという状況です。

文章上達のための入口と出口

どうすれば文章力が上がるのか？　作業の入口と出口を押さえるのがコツです。

作業の入口は「組み立ててから書く」、作業の出口は「自分の文章をいじめて仕上げる」というのがポイントです。

作業の入口から見ていきましょう。組み立てでは、骨子を「質問と答えの箇条書き」で作っていく方法が、簡単で効果的です。例えば業務改善に関する文章ならば、「何をする?→受注伝票の改訂」「なぜ?→住所の読み取りミスが多発しているから」「どうする?→住所の記入欄を大きくし、文字を読み取りやすくする」というようにします。自分に問いかけながら作っていくのが難しければ、5W2H(いつ、どこで、誰が、何を、なぜ、どのように、いくら)を使って機械的に質問を作ってもよいでしょう。

大切なのは、質問と答えの箇条書きが完成するまで、文章を書き始めないことです。以前、研修の最後に文章を書く課題を出したところ、ひとりの男性が制限時間の1時間を超え、他の参加者が帰った後も悩んでいました。彼の前には書いては消しを繰り返し、全体の1/3で止まっている原稿があります。チラリと見たところ、内容も方向違いのものでした。声をかけると、「まとまりません。自分は文章が苦手で、もうムリです」と言います。

そこで、まず質問と答えの箇条書きだけを作ってもらいました。15分後、彼は「こんな感じでいいですか？」と質問と答えのリストを持ってきました。特に問題がなかったので、文章に取り組んでもらうと30分で書き終えることができ、内容もよいものでした。一見遠回りですが、**質問と答えで整理したほうが出来栄えのよい文章が早くできるのです。**

作業の出口は、校正です。以前は、上司がやってくれていた文章いじめを自分でやります。その際のポイントが、**校正者モードにチェンジすることです。**文章を書いている時の書き手モードの状態では、チェックが甘くなります。

その方法として執筆を職業にしている人々がよく使うのが、一度別の行動をすることです。「お茶を入れる」「体操する」「少し景色を眺める」などの行動を挟んで、頭を切り替えます。そして再び原稿に向かう時には、人格を変えます。揚げ足取りの粘着質な人間に変身し、自分の文章にダメ出しをするのです。

この際、指摘するだけにして修正は後にしたほうがいいでしょう。パソコンで文章を作成している場合はプリントアウトし、手書きで直してから画面に向かいます。そうしないと書き手モードが顔を出し、チェックが甘くなるからです。このように校正すると、少なくとも全体の2割ぐらいは書き直しになるはずです。そのぐらい直すことになれば、校正が適切に行われたと言えるでしょう。

組み立ても校正も面倒な作業です。ただ、それをやらなくては文章力が上がらないことも確か。手間をかけてやる価値のあることです。

文章力は一生もの。ポジションが上がれば、文章を書く機会は確実に増えます。文章力をアップさせるには時間がかかります。だからこそ、いまから取り組みましょう。

memo

文章力を上げるには、作業の入口と出口を押さえる。質問と答えの箇条書きを作ってから書き始め、校正前にモードチェンジ。

no. 38

もっと現場に行ったり、人に会いに行ってほしい

偶然幸福に出逢えるのは運ではなく能力

つい最近、定年退職なさった元刑事さんから、次のような話を聞きました。

「近頃の若い刑事は現場に行かない。『見てこい』と言っても面倒くさがる。『行かなくてもわかります』と、PCの画面を指して現場写真を見せるヤツもいた。便利な時代になったが、現場に行かなければわからないことがある。現場の臭いや音、空気などは犯人や被害者と同じところに立たなければわからない。検挙率が下がっている原因は、そういうところにもあるのではないか」

この例は極端としても、自分自身が見て聞いて感じた一次情報ではなく、二次情

報に頼ってしまう傾向は強まっています。

このような傾向に対し、批判的なのが現場主義でやってきた上司の世代です。「現場に行く代わりにネットで情報を集める」「ユーザーのナマの声を聞かず集計されたアンケートだけで判断する」「人に会って話をすることを面倒くさがる」というように、デスクに座ったまま仕事を進めようとする部下の行動に対して批判的です。

部下にはしょっちゅう「もっと現場に行け」「メールで済まさず会って話を聞いてこい」と指示を出します。こういうスタンスの上司はＩＴに弱く、若い皆さんから「やり方が古い」「非効率だ」と言われる人です。

ただ、この件については、現場主義の上司の意見に分があると思います。「セレンディピティ」という言葉をご存知でしょうか。これは、「求めずして思わぬ発見をする能力」のことです（小学館『大辞泉』より）。例えば、「他の実験の失敗から画期的な発見をした」という科学者や、「仕事を手伝ってくれる人を探していたら結婚相手が見つかった」という人はセレンディピティの高い人です。

偶然の発見や幸運の前には、実際の行動があります。パソコンでシミュレーションをしているだけで発見はできず、人と会ってみなければ運命の出逢いは生まれません。偶然の発見、幸運を引き寄せるセレンディピティという能力の大半は、行動に依存しているのです。

これは仕事にもあてはまる話です。**幸運はデスクの上にはありません。セレンディピティを高める単純な方法は、メールや電話で済んでしまうようなことでもあえて会いに行くことです。**会ってみると、本題の他に新たなネタがもらえるかもしれません。そういうところからビジネスキャリアのターニングポイントになるようなプロジェクトが始まった、というのはよくある話。

偶然の幸運をつかむために、あえて会いに行くことからやってみてください。

memo

メールや電話で済まさず会いに行く。それが、幸運を引き寄せる能力になる。

第4章／将来を期待される存在になるための「成長力」

第4章は、本書の締めくくりにあたります。テーマは「ビジネスマンとしての成長」です。部下の成長に関し、上司は「自ら成長してほしい」という願望を持っています。これは上司の勝手で、「部下を成長させる」という役割から逃れるような考えです。

でも、ほとんどの上司がそのように考えているのも事実。そして、自ら成長していこうとする部下を高く評価します。

なぜ、上司は部下が自ら成長することを望むのか。それは、育成は難しいものと実感しているからです。難しい理由として、「プレイングマネジャーで自分の仕事もあり、時間的な制約を受けている」「価値観が違う」「失敗を許容できる状況にない」など、いろいろな言い分があります。

どれも部下からすれば言い訳でしかないのですが、上司を批判しても何も生まれません。それに、自分を成長させることは、自分にとって何よりも大切なこと。ここは、あくまで「自分視点」で成長を考えましょう。

その「成長」を考えるヒントが、上司の期待の中にたくさんあります。上司の期待をヒントに、自分のために成長を考えていきましょう。

no.39

1つ上の視点で物事をとらえてほしい

知っておきたい昇進方式の違い

私自身、過去についた14人の上司のうち10人から、「1つ上の視点で物事をとらえてほしい」と言われてきました。これは、研修の資料として参加者の上司に書いてもらう「部下への手紙」にも、高確率で出てくる言葉です。

なぜ、こんなにも上司は揃って同じことを言うのでしょうか？　最も大きな理由は、上司は孤独ということです。他の項にも出てきたことですが、管理職の気持ちをリアルに実感できるのは管理職になってからです。そうなってはじめて、「前に上司が言っていたのは、こういうことだったのか」と見える世界があります。

管理職の視点で物事をとらえているのは、チームの中では本人だけです。そして、「ひとりでも多くの部下が自分と同じ視点を持ってほしい。そうすればもっと伝わるのに」と考えます。

「1つ上の視点で」という期待には、もう1つの背景があります。それは、人事制度における昇進方式に関連するものです。昇進を決める人事考課の方式には卒業方式と入学方式があります。卒業方式は、現在のポジションに求められるものを満たすと次のポジションに上がれるというものです。一方の入学方式は、上位のポジションで求められる要件が充足すると上がれるというもの。

例えば、係長が課長に昇進する場合、卒業方式ならば係長職で求められる要件を充足すれば課長になれ、入学方式ならば課長職に必要な要件を充足しなければ上がれないということ。求められるレベルは、入学方式のほうが高いわけです。

ポスト不足の昨今では、昇進しにくい入学方式を採る企業が多くなっています。自分の会社がどちらの方式かご存知でしょうか。もし、知らなければ、上司か総務・人事部門に確認してみてください。自分の将来に関わる重要なことです。

入学方式は、社員に「1つ上の視点」を要求するものです。**会社が入学方式をと**

っていると、上司は1つ上の視点を持たない部下を昇進させることはできないのです。

このことも、1つ上の視点を求める背景になっています。

部下の立場で上司の視点を手に入れる方法

「1つ上の視点」は、「孤独な上司の理解者になる」という理由に加え、「人事制度の昇進要件を満たす」という2つの側面から求められます。

しかし、部下の立場でそれを求められても困るでしょう。「1つ上の視点」と言われても、その立場で仕事をしているわけではありません。想像力で補うにも限度があります。

最も現実的な対応は上司の仕事を奪うことです。「シフト管理などの計画業務」「部門間交渉」「指導育成」など、上司が苦労している仕事を引き受けるのです。それらの実務を進めるためには、1つ上の視点にならざるを得ません。いわば背水の陣のような作戦です。

当然負荷が増えますが、それは覚悟するしかありません。後輩に仕事をおろしたり、外注を活用したりして時間をひねり出す必要も出てきます。そうやって困難を乗り越え、自分のために「1つ上の視点」を手に入れてください。

それが上司の理解者になり、昇進の要件を満たすとともに、マネジャーとしての実務を予習することにもつながるのですから。

memo

上司の仕事を奪い、1つ上の視点を手に入れる。
それが上司の理解者になり、ポジションを上げていくための道になる。

no.
40
職場全体を見てほしい

自分の仕事の前工程、後工程を把握する

「職場全体を見てほしい」という上司の要望は、前項の具体論になります。自分の担当範囲だけでなく、他のメンバーの仕事も含め職場全体を見て判断したり、動いてほしいということです。これには、担当業務の部分最適化ではなく、部門全体の最適化を考えてほしいという願いも込められています。

ただ、「全体を見る」ことは、そう簡単にできるものではありません。以前、私はサッカーの元日本代表監督である岡田武史さんに、「サッカーの監督で一番難しいことは何ですか?」と聞いたことがあります。すると、意外な答えが返ってきま

した。岡田元監督の言葉を要約すると、次のような話でした。

サッカーの監督の仕事で一番難しいのは、ベンチから試合を見ることです。ベンチにいると、試合を横から見ることになります。敵味方合わせて22人が動いているわけですが、横から見ていると誰がどう動いているのかよくわかりません。監督になりたての頃は、慣れるのに苦労しました。

でも、しばらく経験を積むと見えてくるんです。スタジアムの天井に設置したカメラから見ているような全体図が。目の前の選手が走っている姿を見ながら、頭の中で全体像の動画を浮かべられるようになります。それが見えないと監督はできません。

この話は、そのまま仕事にもあてはまります。目の前の仕事をしながら、「その仕事が職場全体の中でどう位置づけられ、関係者はどのように動いているのか」という全体像を浮かべられる。これができる人がレベルの高いビジネスパーソンです。

自分の目の前だけを見ていても、よい仕事はできません。そうかといって目の前の仕事を無視して、ボーっと全体を見ていては単なる観客です。**目の前の仕事をしっかりと見つめながら、同時に職場全体も見えているという二元中継ができるのが**

レベルの高いビジネスパーソンです。

では、どうすれば職場全体を見られるようになるのでしょうか？　簡単な方法があります。**人の仕事を手伝うことです。**

例えば、営業の人が事務の伝票処理を手伝う、事務の人が営業の代わりに顧客にサンプルを届けに行くなど、単純な仕事でも触れてみてはじめてわかることがたくさんあります。中でも貴重なのが、自分の仕事の前工程、後工程がどうなっているのかを体感できるということです。

負荷はかかりますが、やってみてください。大きな視点が手に入る上に、感謝されて一石二鳥です。

memo

人の仕事を手伝うことで、全体を見る目を養う。

no.

41

仕事の範囲を広げてほしい

自分の担当領域にこだわる部下

最近は、自分の仕事の範囲内を完璧にこなすことに熱心なあまり、担当分野を広げたがらない部下が増えているそうです。

先日、管理職が集まった席で、妙に盛り上がる会話がありました。

管理職A「この間、部下に仕事を頼んだら『それって僕の仕事なんですかねえ』って言われちゃったよ」

管理職B「いるいる、オレも『僕がやらなきゃいけないことですか』って言われたよ」

部下からすれば、気の進まない仕事だったのでしょう。「自分の担当領域とはかけ離れた業務だった」「あまりに低レベルな作業だった」など、理由はあったと思います。

そうだとしても、上司は気の毒です。仕事がスムーズに進まない苛立ちに加え、寂しさが交じったやり切れない気持ちになります。

自分の担当範囲にこだわる部下が増えたのは成果主義の影響だと、次のように指摘する人事担当者もいます。

「成果主義の人事制度では、成果を『当期のはじめに決めた目標の達成度』で測り、それが賞与査定につながります。目標は高く、達成するには相当の努力が必要で、余計なことには関わっていられません。自分の仕事の範囲を狭くして、その中を最適化することを優先する社員が出てくるのは仕方がない部分があります」

ここまでクールな部下ばかりとは思えませんが、似たようなことを言う管理職はいます。誰もが担当業務を絞ってしまうと、狭間《はざま》の業務が放置されることが多くなり、機能やサービスが低下して組織が弱体化していきます。

自分の市場価値を高める方法

部下個人にとっても、担当業務を絞ることは弊害をもたらします。それは、本人の市場価値が上がらないことです。

私の仕事の中に、中高年の再就職支援があります。会社が倒産してしまったり、早期退職せざるを得ない状況に追い込まれた方が、再就職できるように応募書類の書き方や面接のトレーニングをする仕事です。

再就職が早く決まるのは、市場価値の高い方です。意外かもしれませんが、大企業出身者よりも中小企業出身者のほうが早く再就職できます。元の会社のブランドやポジション、数多くの資格を持っていたとしても、市場価値にはつながりません。これが現実です。

大企業出身の方は、「あなたは何ができるのか?」という面接官の質問に対し、狭い領域の経験しか提示できない場合が多いもの。前工程、後工程は別の人が、付帯業務も他のスタッフが担当するという環境にいたからです。

経験の幅が狭い応募者に対し、企業の採用担当は「うちでは、ひとりで全部やってもらわなくてはなりませんよ。大丈夫ですか?」と聞いてきます。その質問に対し、口ごもればその瞬間にアウトです。「大丈夫です」と答えたとしても説得力がなく、いずれにせよ不利な状況に追い込まれます。

一方、中小企業出身者は「何ができますか?」と聞かれると、「小さな会社で人が少なかったので、なんでもやってきました。経理が専門ですが、人事も労務も法務もすべてひとりで担当しました。どんな仕事でも対応できます」と答えます。これは説得力があります。面接官は、心の中で「あなた、採用!」とつぶやくでしょう。

このように仕事の範囲が広いことは市場価値の高さにつながり、範囲が狭いことは市場価値の低さにつながります。**自分の担当領域を絞ってしまう人は、市場価値を上げるチャンスを自ら放棄していることになるのです。**

当期の目標を達成して社内的に評価されたとしても、それは社内価値が上がるだけです。大きな目で見れば、同年代でひとりでやっている他社の人に市場価値で差をつけられています。

自分の身近なところにある狭間の業務に手を出すことが、あなたの市場価値を高めることにつながります。事例や技術データの整理、業務マニュアルの改訂など、誰もが課題と感じながら放置されている仕事があるはずです。

また、飛び込んでくるアライアンス（提携）の話、大きいけれどモノになるまで相当な工数がかかりそうな案件、誰の担当とも言えないクレームなど、ポテンヒットになりそうな仕事は今後も発生します。そういう仕事に関し、上司に頼まれて対応するだけでなく、自分から手を出してはどうでしょう。ポテンヒットになりそうなボールに飛び込んでナイスキャッチしてくれる部下は、上司にとってとてもありがたい存在です。

memo

身近にある狭間の業務に手を出すことが、自分の市場価値を高めることにつながる。

no. 42

目標を高く持ってほしい

あなたのキャリア形成のカギになるもの

部下の方々に「目標」という言葉のイメージを聞くと、「成果主義」「目標管理」という答えが返ってきます。「高く設定しすぎると、人事考課で損をする」と言う人もいます。

部下にとって、目標は成果を測るためのモノサシという印象が強いようです。そうとらえていれば、手堅く設定したほうがよいと考えるのも仕方ないでしょう。

ただ、「目標は手堅くしておいたほうがよい」という感覚が染みついてしまうと、本来「目標」が持っているパワーを使えなくなります。

アメリカの心理学者アトキンソンの研究では、「成功確率が50％の時に、最も行動が起きやすくなる」という結果が出ています。「できるか、できないか」が五分五分の目標を設定した時に、最も自分の力が引き出されるということ。できる可能性の高い目標を設定するのがクセになると、自分のＭＡＸを引き出せなくなるのです。

また、最近の若い皆さんの中には「自分のやりたいことがわからない」と言う人が増えました。私はできそうなことの中から選ぼうとするから、やりたいことがわからなくなるのだと思っています。手堅い目標が習慣になると、そういう迷路にはまる可能性もあります。

いま一度、「目標」という言葉の意味を考え直してください。本来、「目標」は進むべき道を示し、あなたのＭＡＸを引き出してくれるもの。ビジネスキャリアを作っていく上でカギになる存在です。一度、「成果」「評価」というイメージを捨て、キャリア目標を自ら設定しましょう。

その際、高めに設定して、「目標」の持つパワーを正しく活用します。上司が期待しているのは、そんな皆さんの姿勢です。

memo

成功確率50％の
「自分のための目標」を設定する。

no. 43

現状に満足せず、もっと欲を出してほしい

上を目指さないことが生み出すデメリット

「もっと欲を出せ」「野心を持て」、これを言われると部下の皆さんは困惑するでしょう。このセリフを言うのは、かつてモーレツ社員だった上司です。

自分は、「出世したい」「もっとカネがほしい」「いい車がほしい」「自分の家がほしい」という欲望をモチベーションにしてガツガツやってきた。そんな上司の目から見ると、部下たちは現状に満足し、覇気がないように見えてしまう。

でも、そんなこと言われても困ります。時代が違います。部下はわかっています。出世したくても上が詰まっていてポストが少ないことや、少々頑張ったからといっ

て収入が劇的に増えるわけではないことを。

自動車がなくても生活できますし、ローンを背負うよりも借家のほうが身軽でいいかもしれません。任された仕事はきっちりやり、プライベートでは質的な豊かさを求め、好きなことや仲間、家族を大切にしていきたい。そういう考え方について、他人からとやかく言われる筋合いはありません。

上司の「欲を出せ」というセリフが、「カネやモノをモチベーションにしろ」という意図だったら無視してもいいでしょう。

しかし、上司の期待が「上のポジションを目指してほしい」ということだったら、無視はできません。

最近は管理職になりたがらない若い方が増えています。私が日頃接している部下の方々の中でも、「上を目指している」と公言している人はごく少数派です。なりたがらない理由は、「管理職になると責任が重くなる」「長時間労働になって自分の時間がなくなる」など、大変そうだからというものが多いようです。でも、そういう気持ちを公言するのはよくありません。

管理職になりたくないと言っていると、会社や上司からやる気がないように見ら

れるというリスクがあるからです。

部下からすれば、上を目指さないから向上心がないと勝手に決めつけられても困ります。しかし、「管理職になりたくない」と言ったり、昇進試験を受けるように勧められた時に「まだいいです」と断る部下を、そのように見る上司がいることも確かです。

そうなると、仕事はとてもやりにくくなります。やりがいのある仕事が他者に行ってしまい、チャンスをもらえません。

そして、この先ずっと低い評価に甘んじることになってしまいます。それは避けたいところ。

「一度は管理職もやってみたい」と少しでも思っているなら「まだいいです」などと言わず、シンプルに「やってみたい」と表明したほうが自分のためです。

「上を目指してほしい」という上司の期待に「ハイ」と言えないのなら、他に道は1つしかありません。

それは、仕事のプロを目指すことです。これについては、次項で取り上げます。

memo

カネやモノをモチベーションにする必要はない。
ただ、意図が「上のポジションを目指せ」ということなら、
きちんと態度表明する。

no.44

仕事のプロを目指してほしい

管理職になりたくない人が生き残るための道

どんな仕事をしていようと、ビジネスパーソンとしての道は2つしかありません。1つは管理職や経営層になるという上を目指す道、もう1つは仕事のプロを目指す道です。**会社にとって必要な人材は、マネジャーとプロの2つだけです。**

個人としてはハイパフォーマーでなくとも、人を上手に使って業績をあげ続け、その中で人を育ててくれるマネジャーは会社にとって欠かせない人材です。

一方のプロはどんな人を指すのでしょう。これについて、多くの企業の人事担当者に聞いてみました。プロと呼べる人材について得られた回答を集約したのが、次の5項目。

・自分で考え、行動し、成果を出し、結果責任を取れる人
・専門分野で圧倒的な実力がある人
・きわめて高い問題解決能力を持つ人
・専門能力に加えてヒューマンスキルも優れた人
・周囲に認められ、プロに認められる人

これらの条件を満たしているのがプロということです。こういう人材は、会社にとって他社に行かれては困る存在です。各項目で求められる水準は、独立できるレベルと考えるとわかりやすいでしょう。

プロとはその仕事で独立してやっていける人です。そのためには成果を出して稼げなくてはなりませんし、「私は〇〇屋です」と言えるような専門分野が必要です。問題解決は自分だけが頼りです。仕事を得るための対人関係能力も必須です。

あなたはいまの仕事で独立してやっていける自信がありますか?「ある」と胸を張って言えるなら結構です。会社もあなたにいてほしいと願っているでしょう。

問題は、内心「いまの仕事で独立してやっていくのはムリだろう…」と思った人

です。そういう人はマネジャーになって人を使い、育て、実績をあげ続けるか、プロを目指して具体的に行動しないと、いずれ会社にいられなくなります。

「管理職にはなりたくない」「仕事のプロなんてムリ」と言うならば、未来はないでしょう。「このままでいいんです」と言っていた人が、そのままでいられたケースを見たことがありません。いくら真面目に働いても、上司の指示通りに動くだけの人なら、会社は派遣社員に置き換えたほうが得です。道は2つしかないというのは、そういうこと。

会社や上司は、「管理職になりたくないというなら、仕事のプロを目指して具体的に努力する姿を見せてくれ」と願っています。

memo

独立してやっていけるような仕事の領域を作っていく。

それがプロになる道。

no. 45

最後までやり抜く姿勢を見せてほしい

自分を成長させる仕事とは

上司から見ると、いまの部下は諦めが早く見えるようです。これは、「部下が自分の仕事を途中で放り出している」と言っているわけではありません。

部下の皆さんは多くの仕事を抱えながら、任された定型業務を最後までやり遂げており、それは上司も認めています。上司が言っているのは、複雑な問題解決や職場の業務改善、新規プロジェクトなどの非定型業務に関することです。それらは誰がやっても難しいもの。手掛けている最中に、「引き受けるんじゃなかった」「ムリかもしれない」と思うようなことがある仕事です。

でも、途中でやめてはダメです。その仕事をやり遂げた時が、あなたが成長を感じる瞬間です。無難に完結できるような仕事をいくらやっても、自分の成長は実感できません。**諦めたくなるような仕事こそ、あなたを成長させてくれるのです。**

百点満点の成果でなくてもよいのです。失敗に終わっても構いません。最後までやり抜くことが大切です。そうすれば、必ず得るものがあります。

そういう姿が、上司の言う「最後までやり抜く姿勢」です。そのためには、人の力を借りましょう。ひとりでやり抜く必要はありません。上司も使います。「この仕事はどうしても完成させたい。だから力を貸してほしい」というように依頼してください。あなたの本気が見えた時だけ、人は動いてくれます。

困難な仕事をやり遂げた時にだけ感じられる、成長の実感を手に入れてください。

memo

諦めたくなるような仕事が自分を成長させる。どんな結果でも構わない。最後までやり抜く。

no.

46

知識や能力を自ら高めてほしい

部下は教えられるのを待っているのか?

仕事の腕前を上げる方法に関し、上司と部下の間には大きな意識のギャップがあります。

上司の世代が口を揃えて言うのは、「仕事は、習うものではなく盗むものだ」というセリフです。確かに、彼らの世代は仕事を教えてもらうことが少なく、見よう見まねで試行錯誤して腕前を上げてきました。そういう世代からすると、最近の部下は教えられることを待っていて、自ら腕前を上げる意欲がないように見えます。

でも、それは違うと思います。上司の世代には、ビジネス書を買って読んだり、スキルアップのための資格取得や語学スクールに行く人はほんの一握りでした。そういう点では、いまの部下のほうが勉強熱心です。

上司に「自ら腕前を上げろ」と言われるまでもなく、「やっていますよ。あなたが知らないだけで」と反論しても構わないのですが、ここは少しだけ上司の言うことにも耳を傾けてみましょう。

近くにある知識やノウハウに手を伸ばそう

上司の中には、「いまの若い人たちはよく勉強する」と認めるニュートラルな人もいます。彼らが気にしているのは、「職場外で勉強するのはとてもいいことだと思うけど、会社の先輩たちが持っている知識やノウハウをもっと取り入れたらどうか」ということです。

一考に値する話です。確かに部下の皆さんがやっているのと同じ仕事や、関連する仕事に長く携わってきた社内の先輩たちは、経験から得た様々な知識やノウハウを持っています。「身近にそんな人はいない」と思うならば、会社全体を見てください。視野を他部署まで広げれば、活用できる貴重な知識やノウハウは必ず存在しています。目印は「話しかけにくい人」です。

貴重なノウハウは、往々にして職人気質で付き合いにくい人が持っています。

「話しかけるな」というオーラを出して気難しく、あまり関わりたくない先輩です。

でも、そこにあなたが腕前を上げるために必要なノウハウが存在しているのです。

それをもらわないというのは、あまりにもったいないことです。

そのためには、仕事の相談に行くのが一番。気苦労はしますが、それ以上に得られるものは大きいはず。自ら知識・能力を高めるためには、そういうアクションも必要です。

memo

「オレの若い頃は、仕事は盗むもので」という話は無視してよし。ただし、すぐ近くにある貴重なノウハウは取りに行こう。

no. 47

仕事を抱え込まず、後輩をうまく使ってほしい

後輩の活用は自分のため

「後輩を使え」と言う上司も、かつてプレイヤーだった時、「自分でやったほうが早い」と仕事を抱え込んでいたはずです。

そして、その時のクセが抜けないまま管理職になって大変な苦労をした後に、その考え方ではダメだと気づいたことでしょう。

そういう経験があるからこそ、「抱え込まず、後輩をうまく使え」と言うのです。ですから、この期待には素直に従ったほうがよいと思います。

また、力を入れてやりたい新企画などの業務時間を確保するためには、いま手元

にある自分がやらなくてもいい仕事を下の人間に渡す必要があります。その一方で、上位職者がやっていた仕事を引き受けていく。そうやって仕事の入れ替えをしないと、進歩がありません。その点でも、後輩の活用は必要なことです。

ただ、基本知識がない相手に仕事を教え、上手にやらせるのは最も難しいことであるのも確かです。とても難しいからこそ、克服できれば将来自分がリーダーや管理職になった時に大きな強みになります。

正しい後輩の使い方

後輩を活用する手順は、「選ぶ」→「教える」→「見届ける」の3段階です。

第1段階は、後輩に渡す仕事を選ぶことです。重要度が低く、他の業務との関連が少ないものがよいでしょう。自分の仕事の中から相対的に選ぶことがポイントです。客観的に見ようとすると、どれも重要で関連があるように見えてきますので、「この中で強いて言えば」という観点で選びます。

第2段階は、効率よく教えることです。これについては、「やってみせ、説いて聞かせてさせてみて、ほめる」というセオリーがあります。まずは、「自分でやってみせる」。これにより、短時間でゴールを具体的にイメージさせることができます。指導上、これは難しくありません。いつもやっていることを見せるだけなのですから。

次の「説いて聞かせる」が難しいところです。相手は、自分より知識レベルが低いはずです。**理解させるには、相手の頭の辞書にある言葉を使う**ことがポイントです。

また、先にだいたいの全体像をつかませることもポイントです。正確につかませるのは後で構いません。例えば手順を説明する際、大きく3つ程度に分けて全体像をつかませてから、個々の詳細を説明したほうが理解されやすいものです。

この2つのポイントを心がけるだけで、話は格段にわかりやすくなります。

「させてみる」ことは難しくありません。やらせるだけですから。

「ほめる」については、おだてるのではなく、できている部分を客観的に知らせてあげるという考え方で伝えます。その後に改善ポイントを指摘すると、素直に飲み込み、次にやらせた時にうまくできる可能性が高まります。

最後の第3段階は、「見届ける」ことです。教えている最中はできたことも、しばらく経って実際にやらせてみると、できなくなっていることがあります。教えたらなるべく早く実際の仕事をやらせ、スキルが定着していることを見届ける必要があります。

このような手順で仕事を渡し、後輩を活用します。目的は自分自身の指導スキルを上げること。同時に、自分の仕事を下におろして生み出した時間で上司の仕事を引き受け、高レベルの仕事にシフトしていくこと。手間がかかっても、やってみる価値があります。

memo

「選ぶ」「教える」「見届ける」で後輩をうまく使う。それを自分の強みにするとともに、高レベルの仕事にシフトする。

no.
48

他人の意見を受け入れる器の大きさを見せてほしい

あなたは後輩から見られている

上司のホンネは、「他人の意見を受け入れてほしい」ではなく「私のアドバイスを受け入れてほしい」という場合が多いもの。これに関しては、「16．指示は素直に受け取ってほしい」（79ページ）で記したように、「受け入れる」「受けてずらす」という対応でよいでしょう。

ここでは、器の大きさについて考えてみます。

以前、ＮＴＴデータ経営研究所／ｇｏｏリサーチ（ＮＴＴレゾナント）が「上司に強化して欲しい能力」について、インターネットでアンケート調査をしたところ、第1位になったのは、「指導力・育成力」でした、育てられる部下の立場としては当然でしょう。注目したいのは、第2位の「人間的な器の大きさ」です。「リーダーシップ」「高度なスキル」よりも上位でした。下の人間は、上の人間の器の大きさについて厳しい目で見ているのです。

同じように、あなたの器の大きさを厳しい目で見ているのが後輩です。**器の大きさについては、上司よりも後輩が先輩を見る目のほうが厳しいもの**です。あなたのことを、後輩が「あの先輩は器が小さい」と言っているのを知ったら相当ショックでしょう。一方で「器が大きい人だ」と言われれば、かなり嬉しいもの。

では、後輩から見て器の大きい人というのはどういう人か、考えてみましょう。

入社3年目の若手社員（男性）から、次のような話を聞いたことがあります。

「いま一緒に仕事をしている先輩は尊敬できる人です。年齢は5つ上で、他の部門から異動してきました。先輩が異動してすぐの頃、状況をよく知らずに悪気なく言ったことで、女性社員を傷つけてしまったことがありました。自分が彼女を傷つけたことにも気づいていなかったので、僕が先輩に事情を説明して『気をつけたほうがいいと思います』と言いました。すると、先輩はすぐに彼女に謝りに行き、席に戻ってきて僕にこう言いました。『ありがとう。これからもおかしなことがあったら、どんどん言ってくれ』。5つも下の人間の意見を、そんな風に受け止められる人は少ないと思います。その姿勢は、それからもずっと変わりません。僕も先輩のような人になりたいと思っています」

器の大きさということの意味が実感できるお話です。

耳の痛い話を聞くと、つい言い訳や正当化に走りたくなるもの。でも、そんな時の対応を後輩はよく見ています。そのことを思い出し、まずは素直に受け止め入れましょう。

memo

耳の痛い話を聞いた時、あなたの器が試される。
正当化に走らず受け入れ、
上司だけでなく後輩にも認められる存在になる。

no.

49

自分からリスクをとって勝負してほしい

管理強化の中で求められるハングリー精神

上司は部下に対し、「リスクに過敏で、チャレンジ精神が少ない」と物足りなく思っています。そういう上司も結婚して子供ができると守りに入るのですが、いまの自分のことは棚に上げて、若い頃の自分の姿と部下を比べて嘆きます。

上司が若い頃は、リスクをとりやすい時代でした。多くの企業が上り調子で、コンプライアンスという言葉もあまり聞きませんでした。多少危ない橋を渡っても、大きな仕事をまとめれば評価されました。社員はチャレンジした結果なら、損害を出してトラブルを招いても「クビになることはないだろう」と考えました。それに、いざとなったら転職先も数多くありました。

いまは違います。景気が低迷し、多くの企業がリストラを行いました。有利な条件で転職することは困難で、立場の弱くなった社員がリスクに敏感になるのも当然です。

また、企業はコンプライアンスや個人情報保護などの観点からルールをたくさん作り、社員の管理強化を進めてきました。大きな損害を甘受できるようなゆとりはありません。社員はトラブルを起こして損を出し、クビが危なくなることを考えたら、リスクはとれません。ルールに従順にもなります。

しかし、それが上司には物足りない。部下にはリスクを顧みず、どんどん攻めていくハングリーな姿勢を求めています。

企業も同様です。最近の新卒採用で外国人の枠を増やしたのは、グローバル化だけではなく、ハングリー精神のある人材を採りたいという意図があります。管理強化を進めながら攻めの姿勢を求めるというのは矛盾していますが、組織というのはそういうものです。矛盾していても、会社が攻めの姿勢を求めていることは承知しておく必要があります。

ルール過敏症から抜け出そう

このような会社や上司の姿勢に、部下はどう対処したらよいのでしょう。大切なのは、チャレンジできる環境を作ることです。誰もが挑戦意欲を持っています。それを発揮するためには、重しを取り除くことが必要です。チャレンジの一番の重しになっているのが、ルールです。

確かに、ルールを破ることは大きなリスクです。社会が企業や社員を見る目が厳しくなっているいま、法律をはじめとする社会のルールを守るのが大切なのは、言うまでもないでしょう。

問題は、社内ルールや職場ルールのようなローカルルールです。これに縛られていてはチャレンジできません。

例えば、研修の中で行うコミュニケーションのゲームがあります。ゲームのルール説明は、以前と大きく様変わりしました。かつては「これはやってはいけない」という説明を丁寧にしていました。そうしないと、ルールのグレーゾーンを踏み越え、反則ギリギリのところで勝負してくる個人やチームが出てくるからです。

しかし、いまは「これはやってもいいですよ」という説明を丁寧にしています。なぜかというと、ルールに書いてあることを拡大解釈して、書いていないことまで「あれも、これもやってはいけない」と自主規制に走る人が増えたからです。そうして、ゲームそのものが成立しなくなるケースが増え、やむなく「やってもいいこと」の説明をクドクドとしています。

気の毒なほど、ルールに抵触することに過敏に見えます。見えないルールという縄で、自分で自分をグルグル巻きにして動けなくしているようです。ルールに書かれていないことまで、「やってはいけない」と解釈していてはビジネスというゲームに勝つことはできません。心配なら、上司というジャッジに確認すればいいでしょう。心配していることはルール違反ではないかもしれません。

また、ルールに抵触していたとしても、交渉を通じて公式な特例を設定させることは可能です。目的が利己的なものでなく、会社のプラスになることならば許可される可能性は十分にあります。

あなたの働きかけで、ルールを現実にマッチしたものに変えることができるかも

しれません。

そうやって、ルールという重しを取り除きましょう。本来、持っているチャレンジ意欲を解き放つために、チャレンジできる状況を作るのも仕事のうちです。

memo

適切なリスク管理をして、チャレンジできる環境を作る。

no. 50

自らモチベーションを上げてほしい

自分のマッチを見つけよう

管理職の方と話していると、必ずと言ってよいほど部下のモチベーションを上げることの難しさが話題に上ります。前述の項でも出てきましたが、全般的に若い人は欲がなく、出世やおカネのような単純な要因でモチベートできません。アメとムチのような単純な方法では、部下の動機づけができないことがわかってきたのです。

モチベーションの上げ方がわからない上司がたどりつくのが、「自らモチベーションを上げてほしい」という願い。部下の動機づけは上司の仕事なのに、無責任な感じがします。

ただ、上司が願おうと願うまいと、セルフモチベーションは自分にとって重要な問題です。

日本電産グループのトップである永守重信氏はこう言っています。

人間は3つのタイプに分けられていると思う。

自分でマッチを擦って火をつけられる人。

マッチは持っていないけれど人が擦ったマッチで燃えられる人。

マッチを擦られても燃えない人。

自分でマッチを擦って自ら燃えられる人は100人中3人ぐらいしかいない。

いまの自分はどのタイプですか？

まず、「いま自分は燃えているか」を考えてみてください。「燃えている」と答えられる方、それは自分で擦ったマッチですか？　そう言えるならセルフモチベーションができる人です。燃えているとしても、人に擦ってもらったマッチだとしたら少し心配です。燃え尽きた時、マッチを擦ってくれた人が近くにいてくれる保証はありません。

いま、燃えていない方は、少なくとも自分で擦ったマッチで燃えられない人ですね。誰かが自分にマッチを擦ってくれるのを待っていませんか？　あるいは、他者がマッチを擦ってくれても燃えない、湿気た人になっていませんか？

セルフモチベーションとは、自分を燃やすマッチを自ら見つけ擦って着火することなのです。

外的要因に左右されないモチベーション

キャリアプランニングのセミナーで、過去の自分のモチベーションのアップダウンを線グラフにするというワークをやっています。就職してから現在に至るまでを振り返って、線を引いてもらいます。

書き終えたところでアップダウンの理由を聞いてみると、その時の「景気」「会社」「仕事」「上司」「職場」といった外的要因に直撃されている人が大半です。自分のモチベーションを景気や会社に支配されているわけです。

「自分のモチベーションは自分が支配する」というのがセルフモチベーションです。

これは簡単なことではありませんが、必要なことです。

人間、いつも燃えていられるとは限りません。その期間は長くて半年が限度です。半年以上燃えないと、消えているのがあたりまえの体質になります。

「自らモチベーションを上げてほしい」という上司の期待は確実に存在しますが、セルフモチベーションは、人から期待されて生じるものではありません。

自分のために見つけましょう、あなたのマッチを。

外的要因にモチベーションを支配されそうになったら、自分でマッチを擦って燃えられる。それができるようになれば、幸せなビジネスライフが約束されます。

memo

自分でマッチを擦って燃える。そのマッチを見つける。

おわりに

最後まで読んでいただき、ありがとうございました。

本書の執筆は意外にも難産でした。

当初、自分は管理職経験も長く、仕事柄、上司層と話すことも多いため「上司が部下に期待することを書く」のは、さほど難しくないと思っていました。プライベートでも、同年代が集まれば部下に対するボヤキのオンパレード。ネタは豊富にあると思っていたのです。

しかし、書き始めて「これは難しい」と感じました。上司の期待を書いただけでは、部下の皆さんの立場を無視したオヤジの説教本になってしまうからです。それでは、読者の皆さんの共感は得られません。

そこで、上司の言い分だけでなく、部下の皆さんの言い分も提示した上で、両者のギャップを埋めるスタイルにして書き進めました。その試みが、うまくいっていたとしたら幸いです。

本書の執筆中、上司が期待する50の項目リストを、いろいろな方に見せたところ、面白い反応が返ってきました。

管理職に見せると、「そうそう、まさにこれです」と言い、「私の部下も…」と日常の悩みやエピソードを語り始めます。

一方、部下の皆さんに見せると、「これ、上司からよく言われます」という反応はあるのですが、話はそこまでです。試しに、「どうして、上司がそう言うと思いますか？」と聞いても、答えが返ってこなかったり、「なんでですかね？」と逆に質問されたりしました。

こういう会話を通じ、本書が上司と部下の意識ギャップを埋める役に立つと自信を深めることができました。

かつては、親分と子分のような関係の中で、上司と部下の意識は自然に共有されていました。いまは環境も価値観も変わり、それは期待しにくい状況です。

でも、「昔はよかった」と言ったところで何も生まれません。上司と部下が意識を共有できるよう、手助けをしたいという願いで本書の執筆に至りました。

上司が期待することを部下が正確に把握できれば、上司と部下の関係はよくなります。それは生産性が高く、成果をあげる職場の実現につながります。

本書が上司と部下の関係改善、よりよい職場作りの一助になれば幸いです。

上司が期待する50の項目リストを見た部下の皆さんから、こんな言葉も数多くいただきました。

「次は、上司向けに『あなたが部下から求められているシンプルな50のこと』も書いてください。言いたいことは山ほどあります」

なるほど。両者の意識共有のためには、確かにそちらも必要です。

皆様からご要望をいただけましたら、実現できると思います。

またお会いしましょう。

２０１２年4月　濱田秀彦

＊おかげさまで、２０１２年11月に上司向けの本が『あなたが部下から求められているシリアスな50のこと』として発売されました。

濱田 秀彦

はまだ ひでひこ

株式会社ヒューマンテック代表取締役。1960年東京生まれ。早稲田大学教育学部卒業。住宅リフォーム会社に就職し、最年少支店長を経て大手人材開発会社に転職。トップ営業マンとして活躍する一方で社員教育のノウハウを修得する。1996年に独立。現在はマネジメント、コミュニケーション研修講師として、階層別教育、プレゼンテーション、話し方などの分野で年間150回以上の講演を行っている。これまで、指導してきたビジネスパーソンは1万7000人を超える。おもな著書に『あなたが部下から求められているシリアスな50のこと』（実務教育出版）、『新入社員ゼッタイ安心マニュアル』『課長のキホン』（以上、河出書房新社）、『主任・係長の教科書』（光文社）などがある。

著者エージェント

アップルシード・エージェンシー

http://www.appleseed.co.jp

あなたが上司から求められている

シンプルな 50 のこと

2012年 4月30日 初版第1刷発行

2022年 4月20日 初版第10刷発行

著　者　濱田秀彦

発行者　小山隆之

発行所　株式会社 実務教育出版

〒163-8671 東京都新宿区新宿1-1-12

電話　03-3355-1812（編集）　03-3355-1951（販売）

振替　00160-0-78270

印刷　精興社

製本　東京美術紙工

ISBN978-4-7889-1051-5 C0034

実務教育出版の本

自分にイノベーションを起こそう!

ヒツジで終わる習慣、ライオンに変わる決断

千田琢哉 著

46判／定価1200円（税別）／176頁
ISBN978-4-7889-1047-8

ヒツジとは、ことあるごとに群がって結局何も成し遂げられない人。
ライオンとは、いたずらに群れず孤高に物事を成し遂げようとする人。
どちらの道を選ぶか、すべてはあなた次第。
ヒツジとライオンを大きく分かつ、77の生きるヒント!